古雑誌探究

小田光雄
Oda Mitsuo

論創社

古雑誌探究　目次

装丁・佐藤俊男

古雑誌探究

1　小林秀雄と『文藝春秋』の座談会

たまたま古本屋で一冊だけ転がっていた『文藝春秋』を買った。昭和十六年九月号で、表紙に多田裕計の芥川賞受賞作『長江デルタ』とあり、高見順が『昭和文学盛衰史』（文春文庫）の中で多田裕計とこの号に触れていたこと、さらに近代文学研究者の大屋幸世が『蒐書日誌』（皓星社）でこの号を購入したと書いていた。それらが記憶に残っていたからだ。

高見順の記述によれば、その時多田裕計は上海にいて、『長江デルタ』はそこで発行されていた『大陸往来』という雑誌に掲載した作品であった。多田はリトルマガジン『黙示』の同人で、同じ八木義徳（『劉広福』）や辻亮一（『異邦人』）も芥川賞を得ていて、ひとつの同人雑誌からこれほど芥川賞作家が輩出した例は少なく、さらに特徴的なのは彼らを含めて同人たちが上海や満州や朝鮮などの外地に渡っていることだと高見は付け加えている。確かに高見が引用しているように、多田裕計の受賞の「感想」の中に友人の「芥川賞海をわたる！」という乾杯の言葉がある。

多田の『長江デルタ』も昭和十五年の上海事情という視点からすれば、とても興味深いが、さらに驚きをもって読んだのは二十三ページに及ぶ座談会「現代の思想に就いて」だった。出席者

ハルトゥニアン『近代における超克』原書　プリンストン大学出版局、2000年

『文藝春秋』昭和16年9月号

は大串兎代夫、大熊信行、小林秀雄、三木清の四人である。大串兎代夫はどのような人物なのか、発言を読んでみても推測できない。だがこの座談会を読み、戦前にも多くの座談会が雑誌に掲載され、大串以外の三人もこれだけでなく、他の座談会にも出席し、発言しているはずで、あらためてそのことを考えさせられた。そして本人の意向と著作権の問題もあり、それらはまとめて出版されておらず、雑誌掲載のままになっているのだろう。

それに加えて『文藝春秋』が考案したとされる、この座談会という日本特有の発言形態はまだ研究の段階に入っていないようだ。ちなみに晩年の大熊信行と親交があり、彼の著作を何冊も出版している論創社の森下紀夫氏を通じて、大熊信行研究者に問い合わせてもらったのだが、戦前の座談会に関しては手つかずの状況であるとのことだった。それは三木清研究においても同様であり、また小林秀雄も戦後の数次にわたって全集が刊行されているのに、戦前の座談会発言は収録されず、それらは複刻された『近代の超克』(冨山房百科文庫など)を除いて、ほとんど封印されているのではないだろうか。

だが戦後の対談、座談会は何冊も刊行され、特に昭和四十一年の『小林秀雄対話集』(講談社)の末尾には同書の編者の郡司勝義による座談会、対話の〈付表〉が掲載されている。それによれば、昭和二十一年から四十年にかけて、六十一回座談会、対談に出ていることになる。戦後についてはこのようにフォローされているのだから、戦前に関しても収集や研究がなされるべきだと思われる。

さて座談会の内容と小林秀雄の発言に入る前に、その背景にある昭和十六年九月前後の社会状況を最初に記しておこう。少し前になるが、昭和十二年に日中戦争が始まり、十三年に国家総動員法が公布、十四年にノモンハン事件が起き、一方で第二次世界大戦に突入し、十五年に日独伊三国同盟が調印され、大政翼賛会が発足する。そして昭和十六年を迎える。

昭和十六年三月／松岡外相、独、伊を訪問し、ヒットラー、ムッソリーニと会談。
　四月／日ソ中立条約調印。
　七月／大本営陸軍部、関東軍特別演習を発動。米、在米日本資産凍結令公布。日本

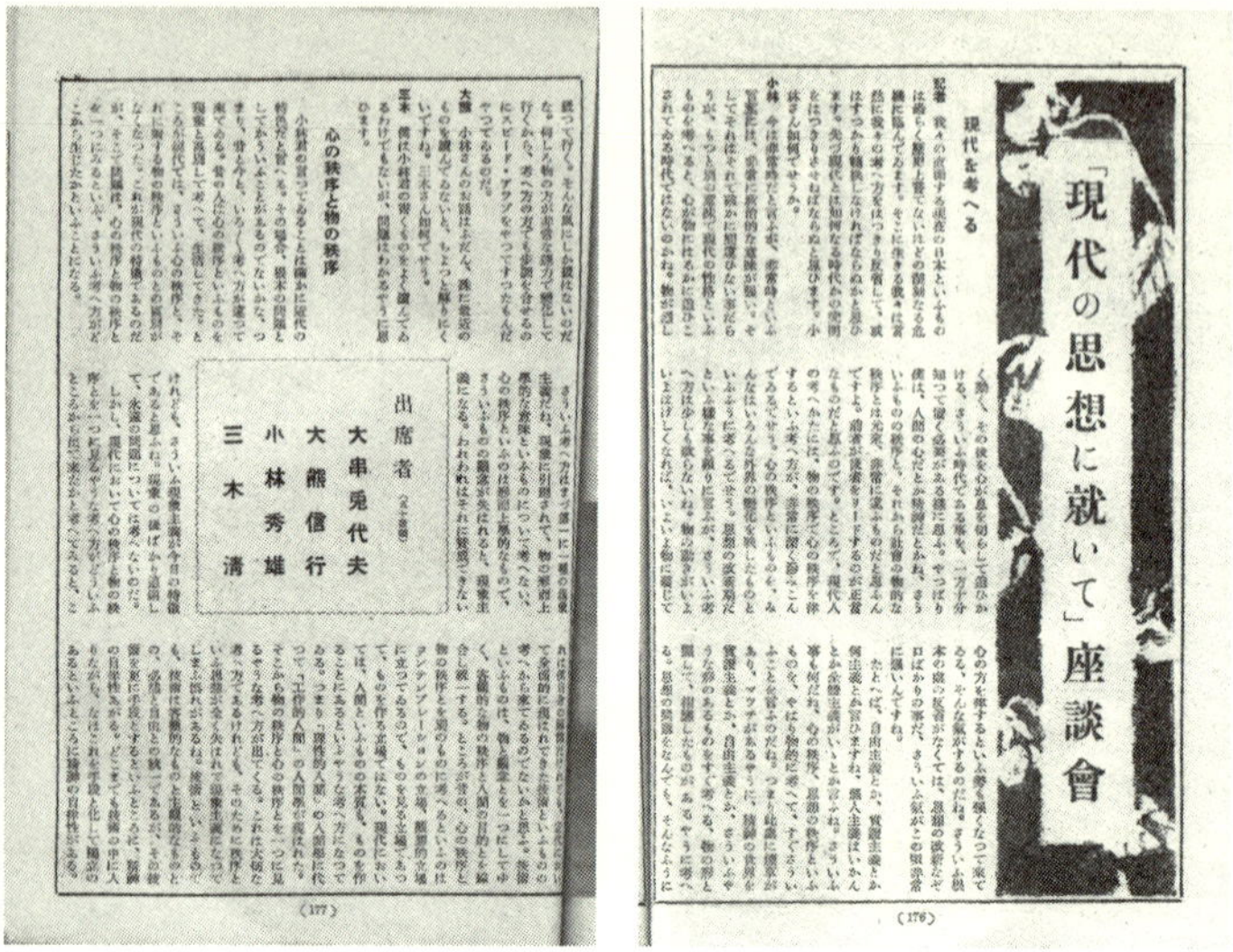

「現代の思想に就いて」座談會

現代を考へる

心の秩序と物の秩序

出席者

大串兎代夫

大熊信行

小林秀雄

三木清

「現代の思想に就いて」座談会

軍仏印進駐。
八月／重要産業団体令公布。
九月／翼賛議員同盟結成。
十月／ゾルゲ事件、東条内閣成立。
十二月／日本軍、マレー上陸、真珠湾空爆、太平洋戦争始まる。

まず「現代の思想に就いて」という座談会がこのような状況下でなされていることに留意すべきであろう。十二月には太平洋戦争が始まっているし、まさに風雲急を告げている状況下にあったのだ。この号には別のメンバーによるもうひとつの座談会「日米経済戦に対応する決意」が収録されているが、発言の削除の空白が異様に目立ち、編集の自主規制をうかがわせている。

司会の記者が「我々の直面する現在の日本といふものは恐らく歴史上嘗てないほどの深刻なる危機に臨んでい」ると口火を切り、そのために「現代とは如何なる時代かの究明」をする必要があると述べ、小林秀雄に発言を促し、座談会に入っていく。小林のあまり明確でない発言を要約してみる。現代は「心が物にはるかに追ひこされている時代」である。人間の心や精神の秩序（理性や意志の秩序）と社会の物的な秩序はひどくちがうものであり、前者が後者をリードすべきなのに、現代ではそれが逆になり、さらにひどくなるばかりだ。自由主義、実証主義なども心や思想の秩序をあわただしい物的に考えている。その反省がなくて思想の改新はできない。そして小林の言う物とは「経済の動き」や「政治の動き」さらに新聞も含まれているようなのだ。昔の人は丁寧に物を見て、よく知っていることだけを考えていた。現代ではそれができなくなり、人を動かす思想がうまれなくなっている。

この小林の言葉に対して、三木清は精神の自律性が失われ、手段が目的となり、精神を支配していると解釈し、大熊信行は東洋的な心の秩序の在り方が後退していると判断するのだが、いきなり小林は次のように発言し、二人を驚かせている。

「日本の国家を信ずる心といふものは、心の秩序です。意思ですよ。信仰でせう、さういふものは。」

誰でも座談会や対談を経験した者であれば、それが発言通りに掲載されなかったり、編集者による構成の具合や後の加筆修正によって大幅に変わってしまうことを承知しているが、それでもゲラは見ていると思うし、やはり発言は当事者のものと見なすべきであろう。三木や大熊が慎重に言葉を選んで発言しているのに比べると、小林秀雄の発言はいささか短絡的である。揚げ足取りのようで、あまりいい気はしないが、前述の『小林秀雄対話集』の正宗白鳥との対談で、「なにも批評家はウソをつくなんてことはない」と大見得を切っているのだから、さらに引用してもかまわないだろう。特に後半になると、彼が前提にしていた現代の複雑な事態や情報の錯綜、否応なく国際社会にある日本の状況、問題の多様性を無視し、放言に近くなっている。

「日本のインテリゲンチヤは世界一だよ。非常に複雑だ。インテリ軽蔑思想など舶来の粗製品だよ。」

「（前略）何といつても、軍隊と経済の組織を強固に合理的にするいふ《ママ》ことが根本問題だ。それが出来れば文化政策は九十九パーモント《ママ》まで自ら片付く。（中略）それだけが出来れば日本の文化政策といふものは成功だ。乱棒《ママ》な話ではないよ（笑声）日本人である限りよ。何主義だつてい丶のだ。こんな立派な国は何主義だつてい丶んですよ。」

「哲学といふものはみんなが娯楽の為に読んで呉れる様にならなければいかんのだよ。（笑声）みんな哲学者にはなれないからね。哲学といふものはやはり一種の美術だから、みんなが観賞して呉れなければ困るんだ。値をつけて呉れなければね。（笑声）」

「だから僕は、兵隊が『天皇陛下万歳』を叫んで死ぬだらう、あれで沢山だと言ふんだ。だから日本人といふものは、どんな思想を持つたつてい丶と言ふのだ。（後略）」

当時の社会状況、出版業界の置かれた位置、その中で生活していかなければならない批評家の事情を考慮に入れたとしても、「考えること」を仕事にしてきた文学者の発言としては無残な物言いではないだろうか。さすがに小林秀雄自身もそのことを自覚していて、最後の発言のところで、続いて「僕の言ふことは乱暴かも知れんが」と述べている

『文藝春秋七十年史［資料篇］』収録の《『文藝春秋』総目次》を見ると、昭和十五年十月号の「文化政策と社会教育の確立」、そしてこちらはかなり前だが昭和八年十一月号の「文芸復興」という座談会に小林秀雄は出ているし、『文藝春秋七十年史』の《年誌》によれば、『文学界』でもいくつも対談や座談会をしているようである。したがって他の雑誌も含めれば、かなりの量になるだろう。これらも未刊行のまま埋もれていると思われる。

だから戦後の文学社会はこのような発言を封印し、ひたすら小林秀雄の神話化へと向かったように思える。そしてそれは『本居宣長』（新潮社）の刊行によって完成する。だがそこには意図的な操作があったのではないだろうか。その例として『「文藝春秋」に見る昭和史』第一巻を挙げてみよう。この巻は「昭和元年〜二〇年」にかけて、「『文藝春秋』誌上を飾った時代の一級証言から精選・再編集」と銘打たれ、昭和十五年の部分に小林秀雄の「ヒットラーと悪魔」が収録されている。小林の読者であれば、内容から考えても戦後になって書かれたもので、昭和三十五年に発表され、三十九年刊行の『考えるヒント』（文藝春秋）所収の一文だとわかるが、一般の読者にしてみれば、小林秀雄は昭和十五年にヒットラーをここまで鋭く分析していたのかと錯覚してしまうだろう。末尾に小さく（35、5）とあるが、すぐに昭和を示しているとはわからないだろう。

そのくせ昭和十四年のところに三月号掲載の「西田幾多郎を囲む座談会」を収録し、これも昭和二十九年六月号所収である大宅壮一の「西田幾多郎の敗北」を挿入している。これは日本の最高の知性である西田幾多郎が大東亜共同宣言の草案を書いたという事実を暴露したものである。その仲立ちをした国策研究会の矢次一夫の『昭和動乱私史』（経済往来社）の「西田幾多郎博士と大東亜戦争」を読めば、すべてが歴然であるが、大宅壮一の一文は矢次からの情報提供によって成立している。

おそらく想像するに、岩波書店と連動し、戦後の日本哲学界に君臨する西田幾多郎に対して向けられた文藝春秋からの一矢であり、岩波書店と文藝春秋の代理戦争のようにも思える。その門下である三木清も今日出海の『三木清における人間の研究』（新潮社、昭和二十五年）で戦時下の行動を暴露されている。だから連鎖しているのかもしれない。小林秀雄は文藝春秋と新潮社の庇護の下にあったために神話化が可能だったのではないだろうか。

このようにして封印された小林秀雄の戦時下の発言も、日本人研究者であれば、日本特有の放言と見なすかもしれないが、外国人研究者の視点からすれば、これらの座談会もまた見逃すことのできない研究、分析対象となる可能性も強く、海外からの視線によって小林秀雄論のモチーフとなることも考えられる。

アメリカ人のフランス文学研究者であるジェフリー・メールソンは『巨匠たちの聖痕』（内田樹他訳、国文社）の中で、著書や自選の全集には未収録のテクストを探し出し、ブランショ、ラカン、ジロドゥ、ジッドに反ユダヤ主義の痕跡を探り出す試みを行なった。彼らばかりでなく、確かアメリカの脱構築主義者ポール・ド・マンもベルギー時代に親ナチス文書を残していたことを暴かれた。二十一世紀の日本文学研究も外国人によって異化される可能性もある。

ようやくハリー・ハルトゥニアンの『近代における超克』（岩波書店）が翻訳されたが、この本のタイトル通り昭和十七年十月号の座談会「近代の超克」が論議の中心になっている。この座談会こそ『文学界』と京都学派の人々の集合ではないか。これにはもちろん小林秀雄も出席していて、両大戦間の日本の知識人の動向が分析されている。それゆえにハルトゥニアンのみならず、外国人研究者の射程はすでに未刊の様々な当時の座談会にまで及んでいるかもしれない。

2　正宗白鳥と『太陽』

正宗白鳥の自伝的長編『夏木立』（『正宗白鳥全集』第十三巻所収、新潮社）の中で、主人公の猛は初めての上京の際に大阪の叔父のところに立ち寄り、叔父に「しかしお前は学問は出来ても、人好きのせん性分《うまれつき》ぢやから、世間へ出て甘く成功するかどうだかな」と問われ、次のように答える。

「僕はどつさり金を取らうといふ欲はありません。どうかかうか食うてさへ行けば、一生本を読んで暮らせばえゝです」

小説であるので、すべてを事実として判断すべきではないが、中島河太郎の解題によれば、「『夏木立』は自伝的要素が強く、著者を知るのに欠かせない」とされているし、さらに正宗白鳥の読書歴からして、この部分はフィクションではないように思える。正宗白鳥が上京したのは明治二十九年であり、明治初期のサミュエル・スマイルズの中村正直訳『西国立志編』（講談社学術文庫）や福沢諭吉の『学問のすすめ』（岩波文庫）のベストセラー化に促された立身出世の物語はまだ活発に機能していたはずだ。したがってこの言葉は同時代にあっても少数者の発言と言える。おそらく近代出版が立ち上がり、明治二十年前後に相次いで近代文学と出版社・取次・書店という近代出版流通システムが誕生し、それに伴って形成され始めていた作者と読者を含む近代読書社会によって、このような言葉が発せられる時代を迎えたのだ。それまで『聖書』を読み、小説や新体詩を愛読してきたので、「金に縁のない宗教か文学か」を選ぶつもりだった。そして上京後に「夏木立」というタイトルの意味があかされる。「紙の上には自分がこれから読破したい和洋の書目録をのみ書並べた。そして表紙の絵の端へ『夏木立』と題をつけた」と記されるのである。

『太陽』博文館創業十週年記念臨時増刊

正宗白鳥の読書史も近代出版業界の誕生とともにあり、明治十年代に生まれた地方の文学少年のひとつの典型を示していると思われ、彼は長短合わせて多くの自叙伝、文壇回顧録、回想記を残しているので、それらを参照し、その読書史を追跡してみる。岡山県に生まれ、明治二十一年に小学校高等科に進み、馬琴の『八犬伝』、頼山陽の『日本外史』、それに江戸末期の草双紙、読本類を手に入る限り読む。次いで漢籍を主とする藩校閑谷黌《しずはたこう》で学び、博文館の「帝国文庫」や近松門左衛門、『水滸伝』などに親しみ、民友社の出版物、特に雑誌『国民之友』、また『文学界』や『少年園』も愛読し、キリスト教に接近する。そしてキリスト教講義所に通い、アメリカ人宣教師が経営する薇陽学院に入り、英語と『聖書』を学び、この学院が閉鎖されると、自宅に戻って文学書を乱読し、とりわけ内村鑑三の著作を耽読した。

これらの読書史は正宗白鳥が十歳から十七歳にかけてのものであり、時代は明治二十一年から二十九年ということになり、先述した近代文学と近代出版流通システムの誕生に沿っている。

小学生時代の読書は旧家の自宅の蔵書の乱読であるが、その後の読書はすべて東京で刊行された本や雑誌で、地方の文学少年の読書がそのまま東京の出版物と連動していたことになる。ちなみに徳富蘇峰の『国民之友』は明治二十年、山縣悌三郎の『少年園』は二十一年、巌本善治の『文学界』は二十六年がそれぞれ創刊年に当たり、正宗白鳥はそれらの早くからの読者であった。だが出版社・取次・書店という近代出版流通システムは誕生したばかりで、東京が中心であり、岡山という地方ではまだ整備されていなかったと考えられる。この時代にあって、正宗白鳥はそれらの本や雑誌をどのようにして入手していたのだろうか。

そのことが『東京の五十年』や「私の文学修行」に記されている。明治二十九年に上京した後、東京専門学校に入学する。そして神楽坂の盛文堂で『国民之友』を初めて買い、記憶に残る体験であったと書いている。

田舎では雑誌でも書籍でも郵便で取り寄せていたのに、それを東京の書店で直接買ふようになつたことは、私の若い心を躍らせた。

この正宗白鳥の証言に明らかなように、明治二十年代まで地方の読者は通信販売による直接購読で、本や雑誌を入手していた確率が高い。若者たちにとって東京の魅力とは、書店で本や雑誌が自由に買えることでもあったのだ。したがってまだ書店で自由に本や雑誌を選び、買うという行為は東京を始めとするいくつかの大都市においてだけ可能だったのであり、その行為の全国的な普及は明治三十年代の全国鉄道網の整備と取次による流通システムの成長を待たなければならなかった。そうしたことから考えると、地方における本や雑誌の販売、購読、流通をめぐる環境は明治三十年以降、激変したのではないだろうか。

正宗白鳥の様々な自叙伝、文壇回顧録、回想記はこれらの明治時代の出版流通史の側面を教えてくれるのだが、さらに近代文学史や研究に記されていない事実を伝えてもいる。通常の文学史によれば、近代文学の誕生は坪内逍遥の『当世書生気質』（晩青堂）と二葉亭四迷の『浮雲』（金港堂）からとされているが、正宗白鳥は『文壇五十年』の中で次のように証言している。

明治二十年代には、紅葉は、新進批評家や知識人から非難されながら、小説界に君臨していた。そして、二葉亭の『浮雲』や、逍遥の『書生気質』などは、最初の人気は間もなく衰えて、私が小説を読みだしたころには、絶版になって、容易に手に入らなかった。明治が三十年代となり、博文館創立十周年記念として、『太陽』が臨時増刊を出した時、これ等の旧作品が収集されたので、私などは、その時はじめて読むことを得たのである。

正宗白鳥の言う「私が小説を読みだしたころ」とは、おそらく『文学界』を購読し始めた明治二十年代半ばであろう。とすれば、『当世書生気質』も『浮雲』も五年以上絶版であったと語っていることになる。

だが実際には『古本探究』の「講談本と近世出版流通システム」の中で確認したように、前者の大川屋版は明治二十五年九刷となり、赤本屋ルートで流通していた。だがこの流通は講談本などと一緒であり、特殊なルートのために、岡山では入手できなかったし、またその後版が途絶えたことも考えられる。正宗白鳥は上京後に早稲田の図書館や上野図書館、貸本店のいろは屋などを利用していたにもかかわらず、これらを読んでいなかったのであるから、日本の近代小説の始まりとされるのにすでに当時の図書館の蔵書にも貸本屋の品揃えの中にも見つけられなかったのかもしれない。

私たちは古典、名作として明治二十年代に読み継がれたロングセラーだと考えがちだが、長期に渡る絶版状況は読者が存在していなかったことを示している。それゆえにこそ、もちろん正宗白鳥の証言が間違いでないとすれば、文学史だけでなく、出版史と読書史を構造的に相乗させないと、真実を見失う危険があることを教えてくれる。

このことはずっと気にかかっていて、いつか実物を見て確かめたいと思っていた。幸いなことに古本屋で『太陽』の「博文館創業十周年記念臨時増刊」を見つけ、千円で購入した。さすがに百年以上前の雑誌なので、表紙が破れ、背も傷んでいたが、菊判の本文だけで七百ページに及ぶ大冊で、ずっしりとした重量感があった。確かに小説特集号で、前述の二作の他に、饗庭篁村『当世商人気質』、矢野龍渓『浮城物語』、幸田露伴『大詩人』、森鷗外『埋火』、尾崎紅葉『二人女房』が収録されている。正宗白鳥の証言は正しかったのだ。だから他の作品も絶版状態にあったと考えるしかないだろう。それでなければ、わざわざ収録する意味がないと思われるからだ。管見の限りでは、これらの事情についての言及を文学史の中に発見できない。

明治の小説

當世書生氣質……坪内逍遥
當世商人氣質……饗庭篁村
浮雲……長谷川四迷
浮城物語……矢野龍渓
大詩人……幸田露伴
埋木……森鷗外
二人女房……尾崎紅葉
……高山林次郎

『太陽』小説目次

博文館の大橋新太郎もそのことは語らず、「増刊の辞」で「普及弘布を計る」のが目的で、「長へに秘蔵するの価値あらむか」と言い、次のように述べている。

皆之れ他日明治の小説歴史に於て重要なる位地を占むべきもの。漫に旧作なるの故を以て之を珍とせざること勿れ。坪内逍遥君が当世書生気質は、化政以来の勧懲主義を打破して初めて写実小説の生面を拓きたるもの。（中略）二葉亭四迷君の浮雲は、逍遥君が書生気質の後を紹ぎて更に写実の躰を得たるもの。若し書生気質を以て新陳渦渡の時代となさば、明治小説の新潮は浮雲を以て起りたりと謂ふを得べし。（後略）

まさにまっとうな「辞」であり、巻末の高山林次郎（樗牛）の「明治の小説」よりも簡潔明瞭を極めている。ひょっとすると、編者の名前は出ていないが、博文館に婿として迎えられた元硯友社の大橋乙羽によってこの「臨時増刊」は編まれ、大橋新太郎の「辞」も彼の手になるものではないだろうか。さらに付け加えれば、高山は「明治の小説」の最後の部分で、「明治の小説は（中略）如何に国民的性情に基ける国民文学を形成するの道に進みつゝあるか」という問題提起をしている。近代文学の誕生から十年ほどで、すでに「国民文学」という段階に入っていることに驚くばかりである。それらの作品はずっと絶版で、読者がいなかったと考えられるのに。ここに博文館の文学への覇権的意志を見るのは私だけだろうか。

そして巻末に掲載されている博文館の取次と書店の充実ぶりに目を見張る思いがする。取次だけ挙げても、全国規模で「特別大販売所」として東京堂と大阪の盛文館があり、「特約大売捌所」

として七十店、「特約売捌所」として百二十店が掲載され、さらに四ページにわたって書店と見なしていい「売捌所」約二千店がリストアップされている。「辞」に「地方売捌所の敏活なる斡旋とは、弊館業務の発達を幇助すること頗る大なりとす」とあるのがよくわかる。これも『古本探究』の「博文館と近代出版流通システム」で記したことだが、明治の出版業界における博文館の急激な成長の要因とは独自の流通販売システムを構築したことにあり、この近代文学を特集した「臨時増刊」もそのようなルートを通じて、近代読者のところに運ばれていったのである。流通販売を押さえた博文館によって読者もまた囲いこまれる。それが国民を想定しているのであれば、文学もまた「国民文学」の範疇の中に入るのであろう。ベネディクト・アンダーソンが『想像の共同体』(リブロポート)でいう「出版資本主義」による「国民国家」の造形が推進されることになる。

おそらくこの『太陽』の『博文館創業十周年記念臨時増刊』によって、三十八銭という異例の安さで、近代文学はそれまでと異なる場へと引き出されたのかもしれない。もう少し、正宗白鳥にも語ってほしかったと思う。

正宗白鳥の引用は主として新潮社版『正宗白鳥全集』によった。

3　芥川龍之介の死とふたつの追悼号

昭和二年七月二十四日、芥川龍之介は田端の自宅で多量の睡眠薬を飲み、自殺した。自殺する動機は「何か僕の将来に対する唯ぼんやりした不安である」という「或旧友へ送る手記」、遺書、『聖書』が枕元に残されていた。

その追悼号を古本屋で二冊入手した。それらは『改造』と『文藝春秋』の同年九月号である。発売は八月十日頃と想定されるので、あわただしい編集作業によって送り出されたことがよくわかる。この二誌の他にも追悼を組んだり、それに準ずる特集をした雑誌があるだろう。あらためてこの二誌を読んだだけでも、言葉は悪いが、芥川龍之介はジャーナリズムと文壇によって成立した近代文学の神話の絶頂期に自殺したと思われてならない。明治二十六年に北村透谷が自殺した時、小新聞の『やまと新聞』は「裏口なる桜の木へ兵児帯をかけ見事にブランコ往生遂げたる由」と嘲笑的記事を載せた。しかし芥川の場合、死は悲惨であっても栄光に包まれ、野辺送りに付き添う人々は引きもきらない。それは明治、大正を経て、円本の出現とともに近代文学の神話が確立された時代であったからに他ならないだろう。

『改造』の九月号は「芥川龍之介氏」とある谷崎潤一郎など十二人の追悼、そして「肺結核全日本を包囲す」が主な特集で、正宗白鳥が「肺患で倒れた明治の文人」なる一文を寄せ、「今日隆盛を極めている文壇は、これ等、病気と貧乏とのために早世した明治の文学者によつて築上げられたのである」と記している。ちなみに志賀直哉の『暗夜行路』も連載中である。

冒頭に遺稿となった芥川龍之介の「続西方の人」がまず掲載されている。これはクリストの弟子に託して、出版業界やジャーナリズムとの関係、そこから得られる名声と収入、読者について語っているように思える。いくつかを抽出してみる。

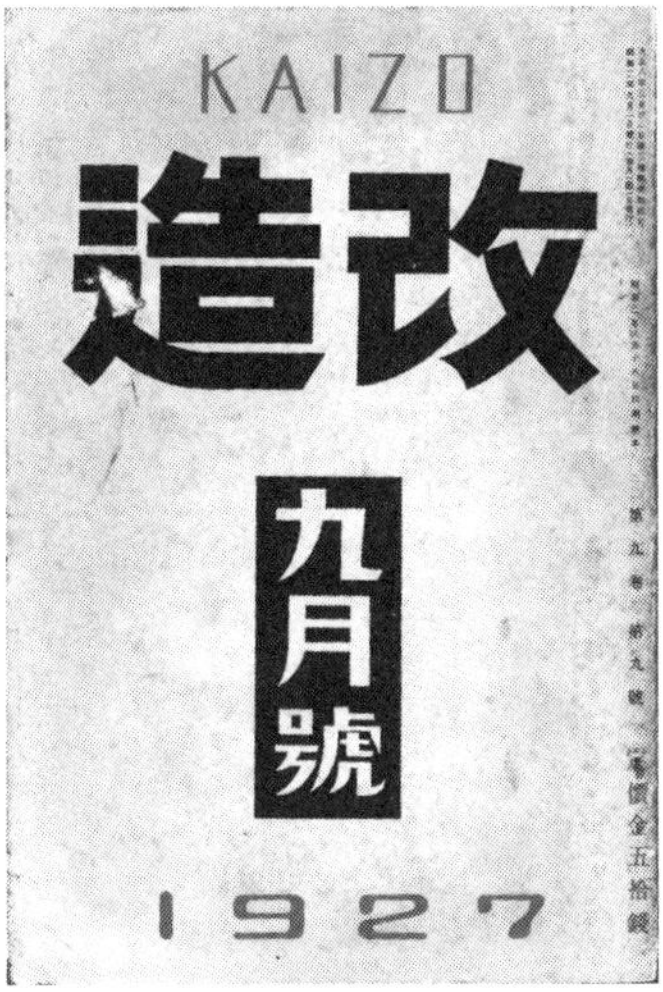

『改造』1927年9月号

彼はみづから燃え尽きようとする一本の蠟燭にそっくりである。彼の所業やジヤアナリズムはすなわちこの蠟燭の蠟涙《らふるい》だった。

クリストの最も愛したのは目ざましい彼のジヤアナリズムである。

彼のジヤアナリズムは十字架にかかる前に正に最高の市価を占めていた。

クリストは彼のジヤアナリズムのいつか大勢の読者の為に持て囃されることを確信していた。

だが芥川は続けている。

クリストも亦あらゆるクリストたちのやうにいつも未来を夢みていた超阿呆の一人だつた。

クリストの一生の最大の矛盾は彼の我々人間を理解していたにも関らず彼自身を理解出来なかつたことである。

クリストの弟子たちに理解されなかつたのは彼の余りに文化人だつた為である。

このような芥川龍之介のクリストに託されたと思える独白の背景には何があるのだろうか。それは興文社の『近代文芸読本』、及び円本の『小学生全集』とアルスの『日本児童文庫』の問題ではなかっただろうか。

そのことを詩人の富田碎花が書いている。

彼れの処女創作集『羅生門』は、（中略）阿蘭陀書房が版元だつた。今のアルスの北原鐵雄君が主人だつた。（中略）芥川君は芸術至上主義の信条の遵奉者に共通の美的感情の尊重者であると同時にまた東京人らしい痩我慢の随分強い方だつたから口に出しては云はなかつたであろうけれども（中略）醜い係争でも心を痛めたことだつたらうと察せられる。そして一方非常に義理堅い性質があつたから、当年白面の一書生の処女作集の出版を敢然と引き受けた書肆の義俠的冒険に対しては深く恩義を感じていたに相違ない。だから跨虎の勢とは云へ、ああした喧嘩の巻き添へを食つたことには可なりの苦痛を感じたことだつたらう。そんなことも死期を早めた動機の一つにはかぞへられなかつたらうか。（後略）

この富田の一文はかなり注釈と説明を必要とするのだが、菊池寛の文章と関連づけて後述しよう。ここで『文藝春秋』のほうに移る。『文藝春秋』は芥川が創刊同人で菊池寛との絡みもあり、『侏儒の言葉』などほとんど稿を切らさなかった関係から、『改造』と異なり、「芥川龍之介追悼号」と銘打たれ、ほとんどが芥川の遺稿と三十人以上の文学者たちの追憶で占められている。これは蛇足だが、無署名の「アルチユル・ランボオ伝」の連載は小林秀雄によって書かれているはずだ。

芥川は栄光に包まれて死んだのではないかと前述したが、冒頭に彼の遺影が一ページ全部を占めて掲げられている。作家の南部修太郎によって大正十年に撮られた写真で、「書斎に於ける芥

「書斎に於ける芥川龍之介氏」

川龍之介氏」とあり、書物がつまった本棚を背景にして机に向かい、ペンを手にして理知的な顔を向け、文学者のあらまほしき典型を演じているように見える。それを裏づけるように文藝春秋社広告部による半ページ広告が後で入り、大文字ゴシックで、「実費送料共　一枚　参円」とあり、「御希望の方には銀座資生堂写真部に依頼し、四つ切大に引き延ばし（中略）頒布することに致しました」と記載されていた。

　おそらくこれ以後、芥川龍之介の肖像は頒布されたばかりでなく、それこそジャーナリズムによって全国的に流通し始め、文学者という神話を樹立することに貢献するだろう。そして巻末ページに新潮社の「芥川龍之介氏著作」の七冊の広告の掲載があり、『羅生門』と『傀儡師』は縮刷版で二十刷、「新進作家叢書」の『煙草と悪魔』も二十版、「名作選集」の『将軍』に至っては三十七

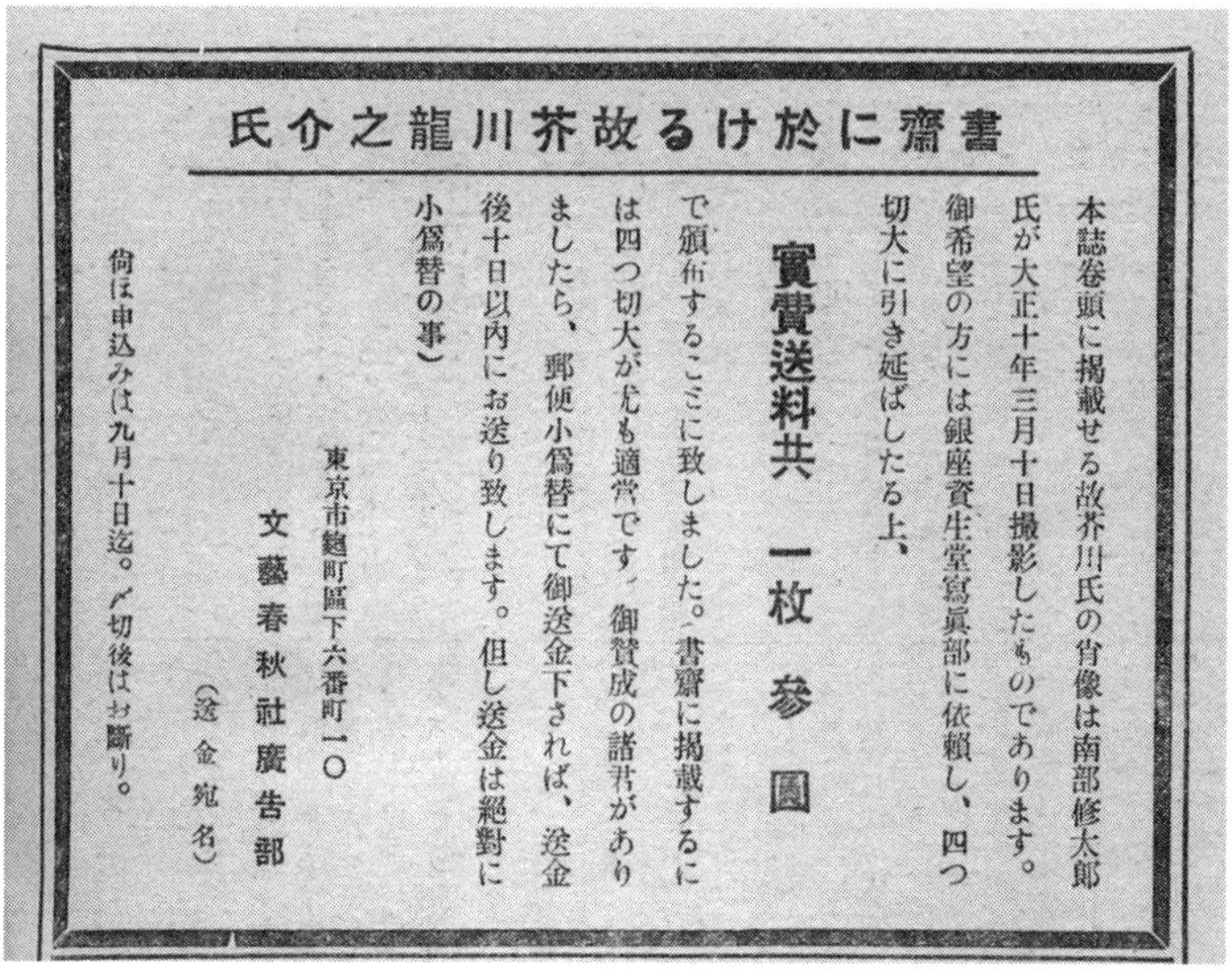

写真通信販売案内

刷を重ねている。その死によって売れ行きに拍車がかかったのであろう。

さて菊池寛の「芥川の事ども」に入る。富田砕花と同様に菊池も「二、三年来、彼は世俗的な苦労が堪えなかつた」と書き、そのことに言及している。

その一の例を云へば興文社から出した「近代文芸読本」に関してである。此の読本は、凝り性の芥川が、心血を注いで編輯したもので、あらゆる文人に不平なからしめんために、出来るだけ多くの人の作品を収録した。芥川としては、何人にも敬意を失せざらんとする彼の配慮であつたのだ。そのため、収録された作者数は、百二三十人にも上つた。然し、あまりに凝り過ぎ、あまりに文芸的であつた、め、沢山売れなかつた。そして、その印税も編輯を手伝つた二三子に分たれたので、芥川としてはその労の十分の一の報酬も得られなかつた位である。然るに、何ぞや「芥川は、あの読本で儲けて書斎を建てた」と云ふ妄説が生じた。中には、「我々貧乏な作家の作品を集めて、一人で儲けるとはけしからん。」と、不平をこぼす作家まで生じた。かうした妄説を芥川が、いかに気にしたか。芥川としては、やり切れない噂に違ひなかつた。

そして続けて菊池は芥川の文芸協会への印税の寄付に対し、教科書に準ずる読本だから通常作家の印税は生じないし、丁重な収録許可を得ているし、売れていないので、寄付も分配も不要だと説得したが、三越の十円の商品券を各作家にもれなく送ったようだと書いている。しかし菊池は肝心の『小学生全集』については詳細に語らず、明らかに言葉を濁している。

したがって富田砕花と菊池寛の文章を重ねると、芥川龍之介の数年来の悩みが浮き彫りになる。まず菊池の述べている『近代日本文芸読本』であるが、これは芥川が「『近代日本文芸読本』縁起」(岩波書店版『芥川龍之介全集』第九巻所収)を残している。それによれば、友人の神代種亮の紹介で、興文社の石川寅吉から、明治大正の諸作家の作品を集めた副読本用の選集を出版したいので、『近代日本文芸読本』全五巻を編集してくれないかという依頼を受けた。しかし文部省の検定を受け、学校用副読本にするためには、有島武郎と武者小路実篤の作品を除外しなければならなかった。だが芥川が二人の作品を保存したことで、検定は受けることができなくなり、どうもそのことで売れ行きが悪かったと推察される。

興文社はかつて中学や高校の英語の教科書『ナショナル・リーダー』などを複刻していたが、大正十三年に社名を改め、『近代日本文芸読本』に続き、円本時代を迎え、盛んな広告宣伝で『日本名著全集』などを発行し始めた。そして次に「菊池寛・芥川龍之介共同編輯」という名義で、『小学生全集』全八十八巻を文藝春秋と共同出版すると発表した。これは興文社から菊池が頼まれ、芥川は『近代日本文芸読本』でこりていたのだが、名義だけだと菊池に言われ、引き受けてしまった。

ところがその直後にアルスから『日本児童文庫』全七十五巻が発表された。そして昭和二年に前者が一冊三十五銭、後者が五十銭で配本を開始するのだが、アルスが興文社と菊池寛を相手どって告訴に至る。それは興文社がアルスの企画を盗んだという訴えだった。アルスの北原鐵雄は完成した『日本児童文庫』の企画を持って資金の融通のために広告代理店の博報堂を訪れ、その企画を預けて帰った。すると興文社の石川寅吉が現われたので、博報堂が何気なくそれを話すと、石川に一日だけ貸してほしいといわれ、博報堂はうかつにも貸してしまった。興文社はそれを材料にして、一夜で『小学生全集』の企画をでっち上げたとアルスは主張したのだ。

そして出版業界空前の泥仕合が新聞紙上の広告の中で始まった。北原鐵雄の兄は北原白秋であり、石川寅吉と組んでいるのは菊池寛なので、ついには双方が名指し非難を浴びせるという文学者たちのスキャンダラスな応酬にまで及んでしまうことになった。

それを何よりも苦慮したのは芥川龍之介だった。富田砕花が書いていたように、アルスの前身で、北原白秋が経営していた阿蘭陀書房から、芥川は処女作品集『羅生門』を出版し、白秋兄弟に恩義を覚え、好意を寄せていたのである。それゆえに芥川は菊池に『小学生全集』の刊行を中止させようとしたが、菊池がその件について話すのを避けたために実現しなかったようだ。菊池の「芥川の事ども」の後半の歯切れの悪い記述はそのことを示唆している。もちろん芥川の自殺は様々な要因が積み重なっているのだが、この円本スキャンダルもかなりの心労であったのではないだろうか。興文社とアルスの泥仕合が始まり、『小学生全集』と『日本児童文庫』の刊行の渦中で、芥川が自殺したのは偶然でもないように思える。

『小学生全集』と『日本児童文庫』のスキャンダラスな宣伝は常軌を逸していたのだ。誠文堂の小川菊松は昭和七年の『商戦三十年』（誠文堂）であきれたように書いている。


何しろ当時「小学生全集」とか「日本児童文庫」とかいふ予約出版の宣伝振りは日本中のありとあらゆる広告宣伝機関を一切買占めてしまつたかと思はれる程のものであつて、ある日ある新聞の広告欄と云ふ広告欄は第一頁から第十二頁まで同じ小学生全集の広告で埋まつてしまつていたやうなことさへある。聞くところによると「小学生全集」の宣伝費は約五十万円、「日本児童文庫」の広告費亦三四十万円といふのであつたから、以つて当時の騒ぎを知るべしだ。これだけの費用が僅々五六十日間の予約募集中に使われたのであるから、思へば実に無茶な時代もあつたものだ。（中略）又アルスはアルスでその為に破綻をする。興文社は興文社で見込み違ひをしたとの事である。（後略）

このような、それも連日の馬鹿騒ぎは芥川龍之介にとって当然のごとく「一番世俗的な苦労」（菊池寛）だったと思われてならない。

4　広津和郎と『改造』

『改造』の「芥川龍之介氏」追悼号を古本屋で買った時、その他にも昭和三年から十年にかけての『改造』が十冊ほどあったので、それらも一緒に購入した。変色した『改造』を通読すると、トータルすれば、かなりの分量になるので、否応なく戦前の時代の空気に触れたような気になった。そして戦前の総合雑誌のあり方の輪郭が浮かんできて、総合雑誌のコンセプトがこの時代に定着したのではないかと思われた。当時はこの『改造』の他に『中央公論』、『文藝春秋』、『日本評論』が総合雑誌と呼ばれていた。

どの号にも興味を引かれるものがあったが、とりわけ昭和五年七月号は「失業問題特輯」で、その他にも関心をそそる記事や論文、小説やエッセイが含まれていた。さらに『谷崎潤一郎全集』や『ゴーリキイ全集』などのいくつもの個人全集の広告が打たれ、巻末には「改造社出版図書目録」が十五ページにわたって収録され、改造社が円本の『現代日本文学全集』刊行以後、単行本から見ると、文芸書や小説類の出版が多くなり、文芸出版社の色彩が歴然と打ち出されている。これまで改造社のまとまった出版目録を見たことがなかったので、意外であった。改造文庫などの印象があり、社会科学書の比重が高いと思いこんでいたからだ。

だがそこに掲載されている改造文庫を見ると、これも「第一部目録」の社会科学書関係は六十六点、「第二部目録」の文芸書類は百五十四点で、この時代において、改造社が文芸出版社の一角を占めるに至っていることを『改造』の昭和五年七月号は教えてくれる。五年ほど前に、八木書店で『改造』の全複刻が企画されていると聞いたが、どうなっているのだろうか。

さて林立する目次の中から興味深いものをリストアップしてみる。

1 「失業問題討論会」
2 西脇順三郎「芸術主義の理論」
3 猪俣津南雄「没落への転向期に立つ日本資本主義」
4 武林無想庵「ゾラの『社会小説』について」
5 広津和郎「文士の生活を嗤ふ」
6 岡沢秀虎「戦争小説の世界的流行」
7 大佛次郎「ゾラの審判」
8 伊集院斉「欧州の裸体文化」

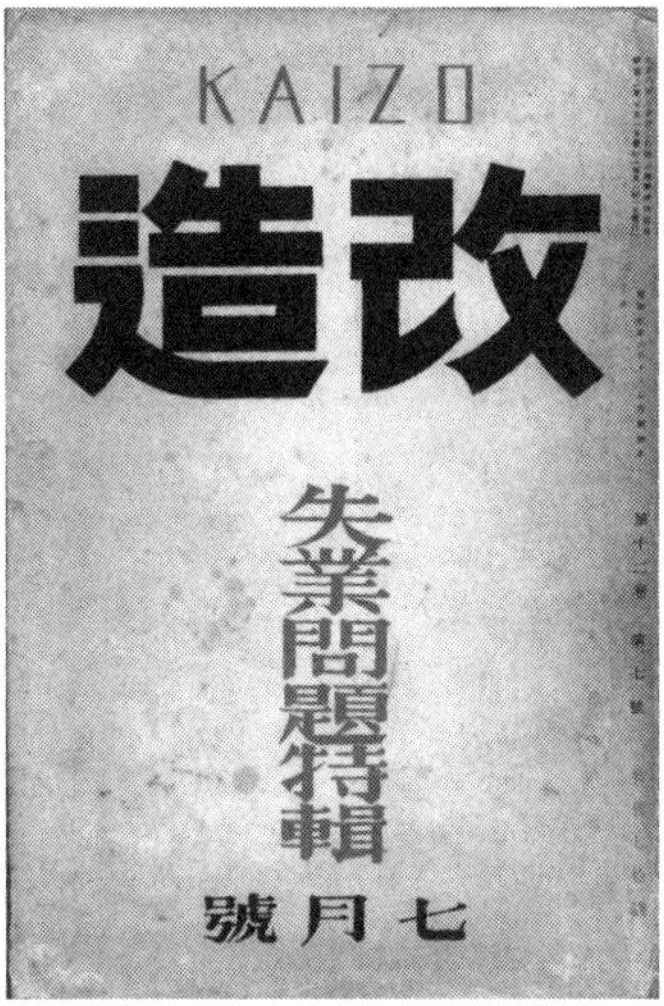

『改造』昭和5年7月号

9　勝本清一郎「伯林・メーデー前奏曲」
10　前田河広一郎「ヘンリ・フォード」

私の個人的関心からとはいえ、これだけ挙げられるのだから、まさに特筆すべき号のように思われる。そのためか、『「改造」目次総覧』を含む関忠果他編著『雑誌「改造」の四十年』(光和堂)でもわずかな言及がある。

1の「失業問題討論会」は安達謙蔵内相、井上準之助蔵相などの錚々たるメンバーによるもので、改造社の社長である山本実彦が司会を務めている。昭和四年のアメリカ恐慌は世界の資本主義国を巻きこんで世界的恐慌に達し、日本も不況が深刻化し、失業者が百五十万人に及んでいる状況を背景にして行なわれている。しかし詳しくは立ち入らないが、総花的大所高所からの発言ばかりのようで、不況の中にある社会がリアルに浮かんでこない。もちろんそれは現在でも変わっていない討論会なるものの実態であろうが。

2の西脇順三郎の「芸術主義の理論」は「失業問題討論会」の後に掲載されているのだが、書き手と編集者の意図がまったく伝わらず、といって芸術至上主義の緊張感を孕む文章ではないし、異様な感じを受けるので挙げてみた。

これに続く3の猪俣津南雄の「没落への転向期に立つ日本資本主義」は連載二回目で、多くの図表、統計を示し、日本資本主義が停滞的発展の段階に入り、大衆の生活水準は今後さらに低下するであろうと結論づけている。その後彼が不況にあえぐ農村の踏査報告を『改造』に連載し、昭和九年に改造社から『窮乏の農村』（岩波文庫）としてまとめ、出版したのも必然的であったとわかる。

4の武林無想庵「ゾラの『社会小説』について」はニースでゾラの『大地』を買って読み、その完訳を決意するに至る経緯を語っている。私もこの『大地』を数年前に翻訳し、また昨年ようやく武林の翻訳『地』（鄰友社）を入手したばかりなので、感慨深かった。5については後述する。

6の岡沢秀虎の「戦争小説の世界的流行」はこうした流れがあって、レマルクの『西部戦線異状なし』の翻訳を中央公論出版部が処女出版として刊行し、ベストセラーにならしめたとわかる。7の大佛次郎の「ゾラの審判」は後に『ドレフュス事件』としてまとめられる一部である。8の伊集院斉の「欧州の裸体文化」はヨーロッパ女性事情とヌーディズムに関するボヘミアン的達者な文章で、唯一肩の力を抜いて読める。伊集院斉がどのような人物なのかまったく知らないが、才人はいつの時代にもいるものだという印象を与える。9の勝本清一郎の「伯林・メーデー前奏曲」は近代文学研究者のドイツ留学体験であり、彼の見聞の一端を知ることができる。10の前田河広一郎の「ヘンリ・フオード」は六幕十場の戯曲であり、この当時フオードがアメリカ資本主義を代表する人物として、資本家、労働者の双方から注目を浴びていたことがわかり、改造社刊の有川治助『ヘンリフオード』の広告もそこに挿入されている。

これらはすでに八十年近く経っているのに、いくつかはひどく生々しい。とりわけそれを5の広津和郎の「文士の生活を嗤ふ」に見出してしまう。この一文は広津が『改造』の四月号に書いた小説「昭和初年のインテリ作家」の補注と見なすことができ、「これは自作に対する批評への文学的抗議ではない。そんなものなら別段書く気はない。」という注釈がついている。この二作は「昭和初年のインテリ作家」として、昭和三十年の河出書房版『現代日本小説大系』第四十九巻にだけ収録されているが、それ以後の各種日本文学全集には入っておらず、現在読むとするならば、『広津和郎全集』（中央公論社）によるしかないように思われる。さらに『改造』の編集長であった水島治男の『改造社の時代』戦前編は作家と作品にかなりページが割かれているのだが、広津とこの二作については何も語っていない。そのような事情もあり、かつて別のところで少しばかり言及したのだが、詳しく紹介してみよう。

短篇小説「昭和初年のインテリ作家」は、所謂馬込文化村を舞台にして、登場人物は広津の他に尾崎士郎、宇野千代、梶井基次郎、萩原朔太郎夫妻がモデルになっている。近代文学史に欠かせないいくつかのエピソードも含まれているので、さらに詳細に知りたければ、近藤富枝の『馬込文学地図』（中公文庫）を参照してほしい。この小説のテーマのひとつはアメリカニズムの台頭を受け、急激に変わっていく女性たちの生態にまつわる宇野千代と梶井基次郎、及び萩原朔太郎の妻の恋愛事件であるが、本来の主題は円本時代を通過した作家がこれからの出版状況を見すえ、どのように対応すべきかの試みを描いていることにある。昭和初期の円本時代以後、文学と作家をめぐる状況が明確に変わってしまったことが前提になっている。
広津らしき主人公の中堅作家北川と尾崎士郎がモデルである新進作家須永はまず「インテリ作家」と規定されている。これは当時出現してきた「プロレタリア作家」に対応する用語として使われているのだろう。したがってこの二人は古いタイプの作家像だと考えられる。北川は言う。

「（前略）君は勿論さうだつたらうが、俺なども少年時代から考へ深い少年だつた。そして成長するにつれて、自分の行く道は、人生を端的に知る方面にあると考へたものだ。そこで最も端的に人生を知る道――文学といふものを選んだのだ。（後略）」

そして須永に向かって、君は人生と芸術について、功利主義と無縁の純粋なアイドルにしてシンカーだと言う。作家は偶像にして考える人なのだ。これが近代文学の誕生以後、造形してきた神話であり、彼らもそれに呪縛されている。須永が肯定すると、北川が繰り返した。

「さういふ僕自身が、君と同じくアイドル、シンカーなんだ。だけれど、このアイドル、シンキングの味という奴は、（中略）我々の生活に取つて欠くべからざる魅力だからね」

だが短かった大正時代は国際的には第一次世界大戦、ロシア革命、国内では米騒動、関東大震災が起き、同時にマスメディアの発達と、モダニズムの波に見舞われていた。島田清次郎の『地上』や賀川豊彦の『死線を越えて』のベストセラー現象もあり、続いて円本時代と雑誌のアメリカニズム化を迎え、この二人にしても「純粋なアイドル」や「シンカー」であることは許されない状況に直面していた。二人の会話を引用する。

「(前略)俺達の思ふがままに、俺達の思ふがままの材料を、俺達の思ふがままの時間をかけて書いていられた、などといふ時代は、遠く過ぎ去らうとしているんだね。(後略)」

「第一に宣伝だ、宣伝! それ以外には何もない。作家の自由意志などは否定される。

——これもアメリカニズムのお蔭だ」

「(前略)雑誌が売らんがための目的意識は、思想からではなく、生活から作家の方向を変化させつつあるからね。(後略)」

かくして彼らは「文芸上の功利主義」を認めるしかなく、北川は作家と生活、「頭をもたげてきた出版大資本主義」について考えた。「今はまだ完成への途次である。併し完成した暁には、執筆業者は確かに今までの自由な立場を失つて、資本家に対する労働者の位置に成下る……」と。そうならないためにはどうすればいいのか。北川はN出版社が予約募集中の翻訳の大量生産出版に目をつけた。その中に彼が十数年前に訳したフランスの作家の小説が入ることになっていた。

これは新潮社の『世界文学全集』でモーパッサンの『女の一生』を指している。

出版社は収録するために、北川のところに百円の乞金を届けてきた。そこで印税にするように交渉すると、三万の会員を予想しているので、六分印税にしてほしいという返事が返ってきた。さらに北川は翻訳者全員を印税にしてくれと頼み、その交渉に成功した。ここで少しばかり説明が必要だろう。明治二十年に博文館が創業し、近代出版業界が始まるのだが、原稿は買切制度で、ほとんど印税は採用されておらず、そのために出版社は当たれば大きな利益が転がりこむが、作者、翻訳者、執筆者には見返りがなかったことを意味している。

ところが三万で予定していた『世界文学全集』の出版は「未曾有の大成功」となり、四十万近い会員を獲得し、北川は一万円ほどの印税を手にすることになった。乞金の百円からすれば、実に百倍の金額だった。そこで北川は三万が採算の数字であるのだから、四十万部売れれば、どれほどの利益が上がるか計算し、印税を値上げさせ、八分とし、一分の一銭を芸術協会に取らせる。値上げ交渉は協会が担当する。三十万部としても一ヵ月に三千円が協会に入る。つまり芸術協会が執筆業者の有力な組合となり、経済的基盤も同時に形成されるという理論だった。「芸術協会」は大正十年に菊池寛の提案で創立された小説家協会と、同九年に発足した劇作家協会が合併し、十五年に設立された文芸家協会（現在の日本文芸家協会の前身）であると思われる。

北川の芸術協会についての夢はふくらむ一方だった。このようにして基本金を蓄積し、結束を固め、その種の予約出版の全集が出るたびに協会が一分の口銭を取り、協会が承認しなければ、全集は成立しないことにする。したがって三十万円ほどの金は遠からず協会に蓄積できるであろう。

「(前略)さうすれば、出版資本主義は、執筆家を軽蔑しては成立たなくなる。若し執筆家を軽蔑すれば、猛然として執筆家は出版資本主義に敵対し、蓄積した経済力を動かして、現代の出版力を、自分たちの手にをさめてしまうだけのことだ! さうなれば、執筆家は現代に於ける最も無力な層と云われている知識階級の先登に立つてどんなに働けるか解らない!」

つまりこの時代に広津和郎は出版資本主義に抗する執筆家のサンディカリズムを真剣に考えていたことになる。しかし北川が芸術協会でその提案をすると、賛成者はわずか老作家と右派の作家の二人だけで、マルキストやプロレタリア作家も、その他の既成作家も新進作家も沈黙を守るばかりだった。文人気質、翻訳者に対する嫉妬、出版社との力関係、団体的行動がとれない小さな個人主義者たちの集まりなどの理由ゆえなのだろうか。北川は勝手にしろと思い、協会を出てきてしまった。

これが「昭和初年のインテリ作家」の本来の主題であり、「文士の生活を嗤ふ」は前述したようにその補注となる。広津和郎は芸術協会での提議の場面について、すべてが事実であり、現在ではもはやその実現可能性は難しくなり、時期をついに失ってしまったと記している。さらに文壇からの批評を期待したが、その多くが的外れであった。

そして今さらのように、文壇人は口先ばかりで小理窟を云ふが、生活については、所謂文士気質――武士は食はねど高楊枝式の高踏的な気持しか持つていないといふことがはつきり解つた気がした。――この人々はどんなに食へなくなつたつて、「生活」のことは口にしない人種かも知れないといふ気がした。観念的には社会経済の問題についていろいろな事を云ふが、実際に自分達の具体的問題になつて来ると、何の意見も持つていない人種かも知れないといふ気がした。

無理もない。まだ「生活なんか召使いにまかせておけ」というリラダンの文学の時代だったからだ。

広津和郎は柳浪を父とし、尾崎紅葉の硯友社時代から文壇を見て、その中で生きてきた。文学の創作で生活できず、小説と評論と翻訳で暮らしてきた。現実に文芸市場を見ても、文学が物質的成功を見たのは数人しかなく、百人か二百人に一人である。また芸術社という出版社を起こし、『武者小路実篤全集』を刊行し、出版業界の経験も積んだ上での発言であり、行動でもあった。そして保留はあるものの次のように結論づけている。

与えられたものによつて悲観し、与えられたものによつて楽観する――文士といふものは、昔から自分の生活を人まかせである。

広津和郎が危惧するように、出版業界は戦後になっても二兆円規模でしかなく、残念なことに出版大資本主義の実現を果たせなかったと思うが、同様に「文士」や執筆者たちの置かれた立場も何ら変わっていない。そして広津の発言と行動以後、このような真摯な問い掛けは途絶えてしまった。

しかしこれは「文士」だけに限られていない。戦時の国家総動員法によって成立した日本出版配給会社を起源とする現在の出版流通システム、それに戦後加えられた委託制と再販制の中で営まれ、危機にあっても何の改革もなされずに続いてきた出版業界もまた同様ではないかと思えてくる。

しばらくぶりで、この二作を再読し、様々な感慨に捉われた。戦前の、しかもこの昭和五年七月号に出会わなかったら、忘れていたかもしれない。多くの業界にあって、出版業界だけが最も変わっていないのではないかと痛感させられた。

5　『本道楽』について

十年ほど前になるが、古書目録で、『本道楽』が十七冊まとまって出ているのを見つけた。確か値段は二万円だったと思うが、これだけの冊数を目にしたのは初めてだったので、申しこむと他に求める人がいなかったのか、もしくは当たったのか、入手できた。これは全冊収集することは不可能であるから、どこかで複刻してくれないかと思っていたのだが、残念なことに現在に至るまで実現していない。所謂「書物関係雑誌」の目ぼしいものはほとんど複刻されているのに、この『本道楽』だけが残ってしまったことになる。その理由はやはり冊数が多いこと、内容がかなり静岡中心という『本道楽』の性格にもよっていると思われる。

それでも『本道楽』全冊の内容については書誌研究懇話会によって『書物関係雑誌細目集覧』（日本古書通信社）の中に解題と総目次が掲載されているので、その経緯と全貌をうかがうことはできる。『本道楽』は大正十五年五月に創刊され、昭和十五年十二月の廃刊までに全百七十三冊が刊行されている。まず先にその内容に関する的確な解題を引いてみる。

『静岡郷土研究』第1輯

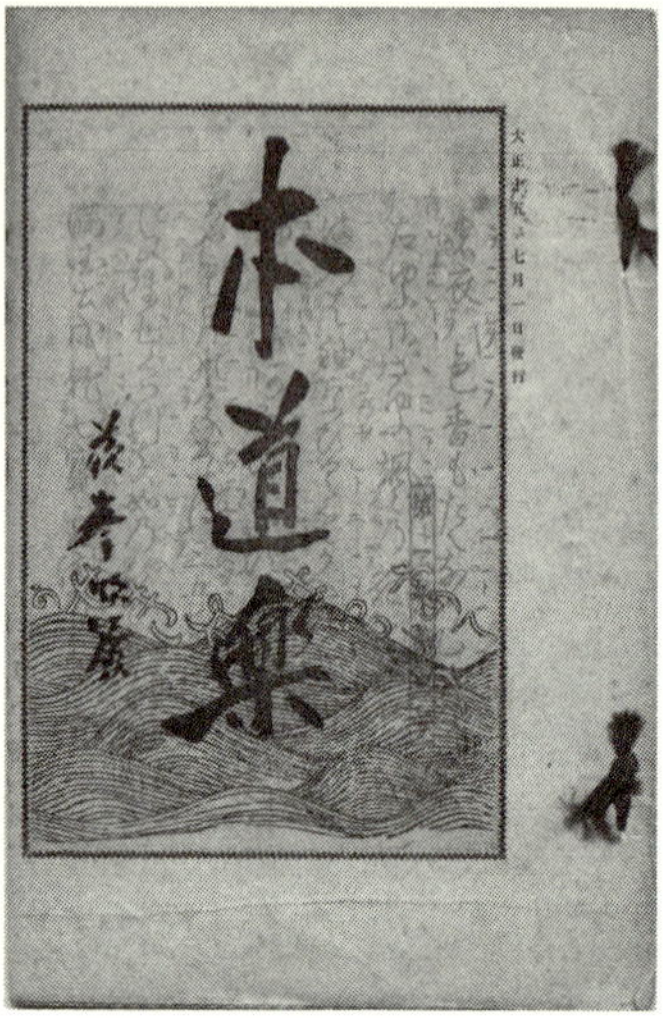
『本道楽』第3号

内容に就て特に規則はなく、古典佚史綺書珍籍に関する研究紹介及びこれに関連する学説、伝記、伝説、逸話等其他古典籍に関する事項を以って創刊の意を明記、山梨稲川についての伝や論考などをはじめ郷土研究資料誌ともいうべく圧倒的に静岡の書物、人物に関する記事が多い。又幕末明治初期の商家引札や江戸時代長唄正本の翻刻を連載しているのも、書誌として逸せられない特徴の一になっているが、これだけのものを長年に亙り、然も地方で刊行を続けたということは注目に価しよう。

幸いにして購入した中に大正十五年五月の創刊号から第四号、それに第七号が含まれていたので、それらを参照して、この解題を補足し、少しばかり内容に言及してみよう。その他の号は大正十六《ママ》年一冊、昭和三年四冊、昭和四年四冊、昭和五年三冊で、それぞれ表紙とページ数は異なっているが、一貫して菊判の和綴である。創刊号の奥付を見ると、発行兼編集人は西ヶ谷潔、発行所は茂林脩竹山房となっていて、いずれも住所は清水市辻千五百十七番地であり、どうも西ヶ谷は茂林脩竹山房という古本屋もどきを始めながら、『本道楽』を刊行したらしい。

西ヶ谷潔は「編集後記」で次のように話している。

自分が雑誌に関係したのは古く明治三十二年に加藤雪膓君と俳句雑誌『芙蓉』を庵原の自宅から出したのが始めである。其後三十七年には園芸雑誌『果樹』を発行した。

（中略）

昨年二月自分は事業の失敗と、健康の不例から、商売をやめて、此の海岸に隠退静養する事になつて、悪戦苦闘の何年か振りで、漸く閑地に就いて好きな古書漁りに没頭するに至つたのである。十一月書架を整理する為めに古書目録「ほん

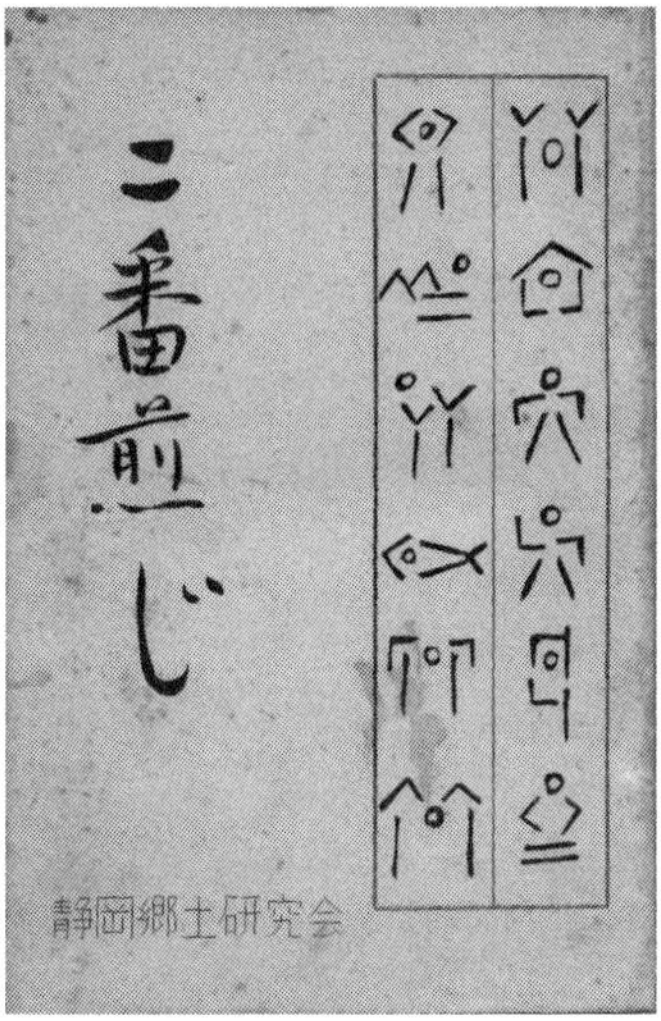

法月吐志樓『二番煎じ』

道楽」第一集を発行した。処が其反響が以外に大きいのを知つた。

これが始まりで、西ヶ谷は元気づけられ、趣味中心の月刊誌を出す気になり、森大狂先生に相談すると即座に賛成で、支援と寄稿を受けた。そこで「勇気百倍旧友小山枯柴老を加勢に引っ張り込んで」、『本道楽』をスタートさせたのである。巻末に「古本市場」と題した古書価のついた販売リストがあるのは「ほん道楽」の名残りと思われる。そして「『本道楽』は自分の道楽が生んだ道楽雑誌である」と西ヶ谷は記しているが、経済的余裕がないので、原稿料は当分支払えず、実費費用分の有料雑誌にするとことわってもいる。

西ヶ谷潔と同様にこれらの人物たちについての注釈が必要だろう。まず西ヶ谷潔だが、彼は後に住所となる庵原村の地主である西ヶ谷可吉の息子だと思われる。可吉は郷土産業の開発を試み、山野を開拓して柑橘園を造り、自ら苗木育成を営み、柑橘栽培の普及を図った功労者で、柑橘組合も結成し、静岡県柑橘同業組合連合会、農会の会長を歴任し、衆議院議員にもなっているが、大正十五年に没している。父の可吉の関係で、園芸雑誌『果樹』が発行されたのだろうし、その死と潔の事業の失敗は何か関係があるのだろうか。

『芙蓉』については創刊号に加藤雪腸の「俳句雑誌芙蓉の思出」が掲載されている。それによれば、一年ばかりの月刊雑誌で、発行部数も三百から四百部だったが、執筆陣は正岡子規、高浜虚子、河東碧梧桐、内藤鳴雪などであったという。『芙蓉』はまさにここにしか出てこない雑誌と見なしていいかもしれない。昭和元年の『現代俳人名鑑』（素人社）を引くと、加藤雪腸の名前もあり、現住所は浜松市元城町、会社員で、俳誌『あらの』主宰となっている。

小山枯柴は別名有言で、この人物も西ヶ谷潔と同様に経歴がよくわからないが、静岡に移住した旧幕臣の息子で、明治七年に生まれ、『静岡民友新聞』や『国民新聞』の記者だったようだ。枯柴は俳号で、『芙蓉』の執筆者だったらしく、それで西ヶ谷潔と知り合ったのかもしれない。昭和二年の号を見ると、「本道楽編集部」として「静岡駅南足名機関庫裏小山有言方」とあるので、実質的に発行人は西ヶ谷潔で、編集者は小山枯柴だったと考えていいだろう。また二人とも執筆者でもあった。著書として、静岡の古本屋である安川書店から戦前に出版された『維新戦後の静岡』『駿府の伝説』『遠江の伝説』などがある。特に『維新前後の静岡』は資料的価値の高い本と考えられるので、ぜひ平凡社の東洋文庫あたりで複刻してほしい。この本については後に触れることにするが、小山枯柴は昭和二十年六月の静岡の戦災で行方不明になったと伝えられている。

『本道楽』に関して山口昌男が言及し、その執筆者たちにも及んでいるが、講演原稿（「書物と静岡」、静岡県立中央図書館報『葵』三〇号所収）であり、単行本に収録されていないと思われるので、紹介してみる。山口は先ず『書物関係雑誌細目集覧』の解題データを踏まえ、『本道楽』は慶應大学図書館に全冊あり、静岡県立図書館もかつて三号分欠けていたが、現在では全部揃っているだろうと語り、次のように述べている。

『本道楽』というタイトルがついているように、本が好きで好きでたまらない人たちが編集して、古本が好きで好きでたまらない人たちが読者になり寄稿者になっているのです。それから、寄稿者の中には、東京あるいは他の地域で古本について非常に深く知っている人たちが集まっているから、全国規模の雑誌になっていると言えます。

そして山口昌男は執筆者たちに触れ、飯島花月は信州上田の銀行頭取、山中笑は日本民俗学の父、おじいさんであり、野崎左文は明治関係に雑誌で重宝がられ、三浦おいろは大阪の大井楼という遊郭の後継ぎになったために、自分をからかってつけたペンネームで、銀隣子は日本画家の久保田米僊、酔多道士は本名不詳だが、旧幕臣の雑誌記者、荒垣痴文は落語家の号談洲楼燕枝、仲之町小せんや紫園は新吉原の芸子であったと多彩なメンバーを紹介している。

しかし私が最も注目するのは山口昌男も別のところで書いているようだが、山中笑（共古）に代表される『集古』の会員と『本道楽』の執筆者が重なっていて、その数に驚くばかりなのだ。『本道楽』の総目次が掲載されている『書物関係雑誌細目集覧』に集古会の会員名簿『千里相識』も収録されているので、それと照合すると、先ず何よりも西ヶ谷潔が会員なのである。彼の他にそれらの名前を挙げてみる。三村清三郎、山中共古、新村出、笹野堅、築地元太郎、北村三郎（柳下）、木村仙秀、森潤三郎、島田筑波、幸田成友、森銑三、渡辺刀水など判明しただけでも十二人という数に及んでいる。これらの会員だけでなく、『集古』と『本道楽』の双方に書いている人たちを加えれば、さらに増えることになる。

『集古』は明治二十九年十一月に創刊され、昭和十九年七月に終刊となるまで全百八十九冊を刊行した。菊判の和綴で、『本道楽』の装丁も『集古』を範としているのではないだろうか。その内容は解題を引けば、「考古学、史学を主とした学術的且趣味的な記事で、貴重文献の翻刻、古書画典籍解題、書物や人物に就いての考証、随筆等みのがせない書誌」であり、内田魯庵によって「初めから珍本である雑誌」（『内田魯庵全集』補巻3所収、ゆまに書房）と評され、全冊が思文閣出版で複刻されている。これ以上の言及はできないので、『集古』とその会員たちについては同じく山口昌男の『内田魯庵山脈』（晶文社）を見てほしい。

ここで私は静岡各地のメソジスト教会の牧師でもあった山中共古についてだけ記してみたい。なぜならば、私は山中共古の『見付次第／共古日録抄』（パピルス）を出版しているからだ。

山中共古は大正十五年第三号に「思ひ出草に思ひ出候まゝを」という静岡の書肆についての一文を寄せているだけだが、大正十六《ママ》年第九号に山中共古が架蔵の「明治初年、静岡移住の士族にて商売を営みし人々の見立付」である「日々開花の暖簾」、「同じく当時の美男美女を番付」にした「花競見立相撲」の二枚を二ページ使って掲載している。前者には書林の須原屋が見え、山中共古が「静岡移住士族商業見立番付に行司の処に大書しあるは七間町三丁目書林須原屋とあるは久貝といえる旗本の商業なりしなり」と書いている店だとわかる。なおこの二枚の番付は集古会

明治二年己巳正月吉辰開板

日々開花の暖簾

料理	馬場町	呉竹亭
蕎麦	宮ケ崎	雪見庵
てんぷら	七間一	菊の戸
唐物	馬場町	三松
蕎麦	中傳馬	東曉庵
水油	本通五	扇子屋
道具	七間二	中村
小間物	研屋町	大和屋

砂糖	呉服四	霍蛯堂
料理	馬場町	花下庵
茶反物	本通一	鯛屋
そば	同四	翁庵
にまめ	七間三	日の出屋
料理	横内	一芳亭
蒸菓子	新一	東花庵
桝酒	下魚	松本屋
紙店	江戸	あづま屋
豆腐	清水寺地内	鶴亭

小間物	両替二	富士屋
桝酒	馬場町	御屋
錦梅	新三	美濃屋
唐物	下石三	河内屋
にまめ	七間一	むさし屋
紙下駄	新二	東屋
桝酒	両替一	清水屋
古道具	下石二	十一屋
諸色	同	萬屋
にまめ	横田	かしは屋
酒醤油	同	中野屋
菓子	横内	榮水堂

たばこ	梅屋町	東ケ榮屋
すし	本五	松屋
紙茶	新川	きゝやう屋
ぞうに	人宿一	[illegible]瓢屋
たはこ	上石二	むさし屋
錦梅	御器屋	美濃屋
てんぷら	本九	いかり庵
はな諸	本六	佐久間
かま鉾	新五	關東屋
小間物	両替三	あつま屋
たばこ	新四	小澤屋
蝋燭	同五	きゝやう屋
しるこ	下石三	[illegible]
にしめ	人宿三	松月亭

幽朶細工	人宿二	古松堂
貸本	下桶屋	今昔堂
道具	上石二	大道寺
醤油	呉服五	米屋持合
薪炭	宮ケ崎	服部
菓子	呉服五	松月堂

爪	茶町二	甲州屋
家相人相	江川	朝正齋
書林	七間三	須原屋
筆墨	四ツ足町	文正堂
同	人宿三	祥雲堂

酒蠟燭	江川町	桝永屋
蕎麦	呉服六	福壽庵
汁粉	上石二	時雨庵
小間物	本通三	中島
桝酒	新通二	梅本
砂糖	両替三	長榮堂
煙草	呉服一	富士屋
砂糖	同四	田中屋

酒反物	馬場町	柏屋
そば	本七	清風亭
西洋物	両替一	鯛屋
牛鍋	本三	松壽軒
酒砂糖	横内町	なべ屋
汁粉	両替四	若松亭
にまめ	本五	都根本
紙類	本三	鯛屋
唐物	呉三	松柏堂
菓子	横田	櫻壽軒

象牙細工	七間一	さゝ屋
料理	馬場町	東樓
飛梅焼	新三	鶯宿軒
糸切團子	七間二	生々堂
桝酒	本入	柿屋
水油	人宿二	角屋
茶漬	上石二	東梅亭
紅梅焼	江川	菊花園
酒店	同	清口堂
にまめ	下石二	隅田庵
菓子	土太夫町	梅月堂
にまめ	上魚町	花菱屋

餅菓子	清水尻	みめより
下駄品類	馬場町	花村
諸色	七間一	二葉亭
紅梅焼	新二	花開堂
たばこ	本六	小くら
爪	四ツ足町	背名屋
いなりすし	七間一	石橋亭
たばこ	本一	赤井
つき米	同七	あつま屋
たばこ	人宿一	[illegible]屋
筆墨	新川	橋屋

此外日々の開店枚擧するに遑あらず 猶第二編にあらはすへし

活計堂主人

の林若樹の父である駿府病院長時代の戯作で、出板したものではないと断り書きが入っている。

この二つの番付について、小山枯柴が『維新前後の静岡』の中で触れているが、前者に限って記してみよう。番付が作られた明治二年には静岡入国の幕臣は二千余人に達し、士族の商法が雨後の筍のように生まれたようで、番付はそれをあからさまに物語っている。しかし小山によれば、明治十四、五年にはほとんど残っていなかったらしい。これは士族の商法ばかりでなく、火事が多く、焼けてしまった店もかなりあるという事情を彼は報告している。『維新前後の静岡』はこの番付に限らず、様々な商売に筆が及び、それこそ維新前後の商売について興味をそそられる。

さらに昭和三年第四号に「江戸大奥の生活」と題して七十九歳になった山中共古が一月十九日午後七時二十五分東京放送局に出て、「幕末に於ける大奥の生活」という話をしたとあり、その話の要約を二ページにわたって収録している。山中共古は代々伊賀者の出で、十四歳の時に父の役を継ぎ、大奥に仕え、明治維新まで約五年間、警護の役についていたのである。その体験を次のように語っている。これも『本道楽』にしか収録されていないと思われるし、真実の歴史の伝承の難しさをあらためて知る必要もあるし、引用しておこう。


私は和宮、天璋院のお二方に仕へましたが、維新後、慶喜公の奥方に従つて静岡に行き、教鞭をとつたこともありますが、当時八十人からいた御広敷添番の同役も、今は散々としてその行方も知れず、生き残つているものは私一人位のものかも知れませんが、この世間と没交渉であつた大奥の事情がよく誤報されているのは注意すべきことで、今日坊間に流布している大奥の説明や錦絵などは、皆な殆ど出鱈目に近いもので、正しいものは先ず殆どないと云つてもよい位です。

前述したように『本道楽』は昭和十五年二月で廃刊になり、編集者の小山有言は二十年の戦災で行方不明と伝えられ、西ヶ谷潔の消息もわかっておらず、戦後を迎えてすでに忘れ去られてしまい、歴史の中に埋もれてしまったと考えがちである。しかし集古会の会員で、同時に『本道楽』の執筆者であった築地元太郎と北村三郎がいて、彼らは同じく静岡市に住み、銀行員とあるように静岡銀行に勤めていたと思われる。現在から考えると信じられないが、当時はそのような銀行員がいたのだ。後者の北村三郎は明治三十七年生まれで、号を柳下と称していたが、昭和三十一年にガリ版刷りで『本道楽』を継承する『静岡郷土研究』を発刊するのである。「〝静岡郷土研究〟発刊に際して」で、北村柳下は「思いかえせば二十何年前、雑誌『本道楽』に関係し」と始め、「『本道楽』時代の諸先輩の研究も併せてのせて、この研究の一里塚としたいと思っています」と結んでいる。

この『静岡郷土研究』も含めて、北村は「賎機叢書」と題する百編を出すことを終生の仕事とするつもりで始めたようだ。どこまで実現したかはわからないが、手元にある法月吐志楼の『二番煎じ』という戦前の静岡の風俗誌は「賎機叢書」第十六編となっているので、二十冊近く出たことは確実である。この著者は『本道楽』の執筆者の法月俊郎だと考えられる。まさに北村柳下は西ヶ谷潔や小山枯柴の衣鉢を継ぎ、高度成長期下にこれらを刊行していたことになる。まだそれでもかろうじて同好の士の共同体が成立していた時期であった。

だが高度成長期の進行と経済の繁栄によって、そのような共同体は突き崩されていく。あれは昭和五十年頃だったであろうか、何度かまさにその北村柳下と出会う機会があった。その当時、彼は七十代半ばを迎えていたはずだが、今考えると残った「賤機叢書」を合本にして売り歩いていたのだ。あまり言葉も明瞭ではなく、そのうちに姿を見せなくなった。身体の具合が悪くなったのかもしれなかった。その頃は『本道楽』のことも知らなかったので、話を聞き流していたが、今になってみれば、本当に残念なことをしたと思う。きっと『本道楽』のことでも尋ねてあげれば、老人は相好を崩して喜んだであろうに。いつだって人生は後悔の連続なのだ。

この章を書くために、大部の『静岡大百科事典』（静岡新聞社）を何度か引いてみた。だが西ヶ谷潔を始めとする『本道楽』関係者は一人も記載されていなかった。それこそ正史は最初から「本道楽」に類することなど無視しているのであろう。

さて本来ならば、ここで終わるべきだが、もうひとつ付け加えさせてほしい。

集古会の会員名簿のちょうど北村三郎と西ヶ谷潔にはさまれて、飯尾哲爾の名前がある。飯尾は静岡県浜名郡の教員で、郷土誌『土のいろ』の発行者なのである。『土のいろ』は大正十三年に創刊され、約半世紀をかけて百十四冊に達している。やはり菊判和綴で、装丁は『本道楽』同様『集古』にならっていると思われる。『土のいろ』は『本道楽』よりも民俗学色が強く、南方熊楠や柳田国男の投稿もある。私見によれば、民俗採集や挿絵からすると、山中共古の『見付次第』などの影響を強く受けていると考えられる。幸いなことに『土のいろ』はひくまの出版から全冊が複刻されている。

したがって『集古』の会員によって、同時期に静岡県の東部と西部で、『本道楽』と『土のいろ』が創刊されていたことになる。おそらく偶然ではないだろうし、そのような地方の民間の雑誌出版を育んだ大正時代に注視せざるをえない。これらも含めて、『土のいろ』の物語は別のところで語ることにしよう。

6　第一書房と『セルパン』

少しばかり気がかりなことがあるので、もう一度山口昌男の講演「書物と静岡」に触れさせてほしい。山口はこの講演の最初の部分で、明治維新で静岡へ無禄移住してきた幕臣の中には優れた人材が多く、彼らが様々な分野で活躍することで、近代日本の良質な基盤が造型されたと述べ、書物関係の例を挙げている。そしていきなり戦前の音楽評論家である大田黒元雄の名前を出し、その父親の重五郎に言及し、息子の元雄をロンドン大学に二年間留学させたと話し、「元雄は帰ってきて、昭和五、六年に第一書房というところから『セルパン』という雑誌を出しました」と語っている。この部分は同じ山口の『「敗者」の精神史』（岩波書店）の「幕臣の静岡」を踏まえての発言なので、それを参照して補足する必要がある。

山口は「幕臣の静岡」で、移住してきた幕臣たちがその後、有数の政治家、財界人、医師、学者、文筆家・芸術家、教育家などになったことを示し、具体的に名前を上げ、そのバックボーンが沼津兵学校と付属小学校、及び静岡教会（静岡バンド）であったと指摘している。沼津兵学校と付属小学校の創立沿革、付属機関については、大野虎雄の『沼津兵学校と其人材』（安川書店）

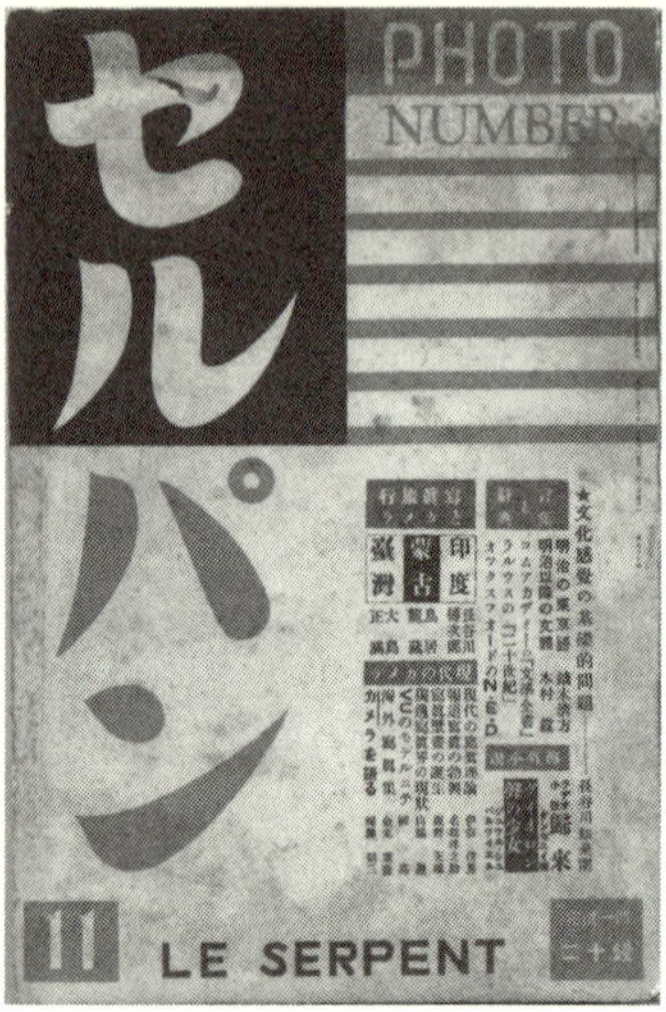

『セルパン』昭和10年11月号

『セルパン』昭和6年9月号

に詳細なチャートがあり、江原素六、西周、赤松大三郎、乙骨太郎乙、中根香亭などの参事、教授陣、島田三郎、田口卯吉といった卒業生が経歴を含めて紹介されている。書物関係のことで言えば、中根香亭は金港堂の顧問となり、田口卯吉は経済雑誌社を創業し、『東京経済雑誌』を創刊し、『大日本人名辞書』や『日本社会事彙』などの辞典類の先駆的な出版を試みている。

さて山口昌男は沼津兵学校付属小学校の卒業生である大田黒重五郎の自伝『思ひ出を語る』（大田黒翁逸話刊行会）を引き、「幕臣の息子としての困難を克服して、政官界ならぬ経済界で成功を収め、その子息が芸術世界で活躍する基盤をつくり、時代を十全に生きた」例だとしている。前述の『沼津兵学校と其人材』の中にも付属小学校生徒として「大田黒重五郎（実業家、九州水力電気会社々長其他現存者）」とある。大田黒重五郎は慶応二年に幕臣の息子として音羽の護国寺の近くに生まれ、三歳で静岡に移住し、付属小学校、沼津中学を経て上京し、東京外国語学校に入学し、二葉亭四迷と同級になり、ロシア語を学んだ。だが卒業の半年前に学校が廃校になり、大田黒は東京高商に入り、明治二十三年に卒業し、三井に入社する。そして経営不振であった芝浦製作所（後の東芝）を再建し、九州水力電気会社を興し、華々しい成功を収めることになる。

私が気になったのは大田黒重五郎の息子の元雄が第一書房から『セルパン』を出したという山口昌男の発言であった。この発言だとあたかも大田黒元雄の意向で『セルパン』が創刊されたようにとれるからだ。それは山口が第一書房の贅沢な本造りと『セルパン』のような雑誌の刊行はどうして可能だったのかと林達夫に尋ねた時、「九州の方の電力界の大立物で、資金面でバックアップしていた」と林が答えたということから派生しているようだ。その時初めて大田黒重五郎の存在を知ったと山口は書いている。

数年前に『セルパン』を七冊二千円で買った。また「第一書房・長谷川巳之吉」とサブタイトルが付された長谷川郁夫の『美酒と革嚢』（河出書房新社）も出たばかりであり、百二十二冊のうちのわずかな冊数であるが、山口昌男の発言を確かめる意味でも『セルパン』を繙いてみよう。この雑誌は昭和六年五月に創刊された。高見順は雑誌と同人誌一覧とも言える『昭和文学盛衰史』の中で、次のように述べている。

当時の出版界の智慧者長谷川巳之吉（第一書房）が『セルパン』という雑誌を創刊した。その斬新な編輯、洒落た形式は、十銭という破格の定価と相俟って、この「詩・小説・思想・美術・音楽・批評」（と、表紙にあった）の雑誌の出現をセンセイショナルなものにした。「パン屋のパンはとらずとも此のセルパンは召し上がれ」という宣伝文も人を食ったものだった。

セルパンはフランス語の「蛇」、巳之吉の「巳」であり、純粋や英知といった寓意もこめられていた。これは前年に『伴侶』として刊行されていた第一書房のPR誌を継承し、編集は昭和四年に入社した福田清人が担当し、それを同期入社の三浦逸雄と長谷川が助けたようだ。そして福田は昭和七年一月号で第一書房を退き、三浦逸雄の編集となり、文芸雑誌から総合雑誌に変わり、それを軌にして八千部が昭和九年には四万六千部に達していた。昭和十年から十五年までは春山行夫が担当し、豊富な海外文化情報を含んだ新しいジャンルの総合雑誌になったというのが表向きの『セルパン』の経緯である。林達夫他編の『第一書房長谷川巳之吉』（日本エディタースクール出版部）を丁寧に読んでみても、『セルパン』が大田黒元雄の意向によって出されたとは一言も書かれていない。

私の手元にある『セルパン』は福田清人編集の昭和六年七月号、三浦逸雄編集の昭和七年九月号、十一月号、八年五月号、九年八月号、十一月号、春山行夫編集の十年十一月号で、表紙レイアウトと内容は春山行夫編集になると、明らかに異なっているが、共通しているのは大田黒元雄への配慮のように思える。

例えば創刊年の九月号を見てみると、PR誌を継承しているゆえなのか、自社刊行物の広告と図書目録がかなりのページを占めているが、著者や訳者たちに混じって大田黒元雄の「西洋の花」と題するエッセイ、吉村鐵太郎の「ノートから」というアフォリズム的短文、宗瑛の「幻影」なる小説を掲載している。大田黒元雄についてはいうまでもないが、吉村鐵太郎と宗瑛は歌人にしてアイルランド文学の翻訳者の片山広子（松村みね子）の子供たちで、片山広子は第一書房創業の際に千五百六十円を用立てした恩人であり、長谷川は吉村鐵太郎（片山達吉）を第一書房の後継者に指名している。とすれば、恩人の子供たちに誌面を提供し、便宜をはかっているとも考えられるのである。

ここであらためて第一書房と大田黒元雄の関係を『第一書房長谷川巳之吉』の関口安義と布川角左衛門の記述から抽出しよう。

採算を度外視して本づくりに邁進する長谷川巳之吉に、財政的援助の手を差し延べたのは、当時、音楽評論家として活躍をはじめた大田黒元雄である。（中略）父の重五郎は、芝浦製作所の専務取締役や九州電気軌道株式会社の社長を歴任した有数の実業家であった。彼は東京外国語学校のロシア語科で二葉亭四迷（中略）と同期ということもあり、息子に対してかなり自由な教育をしたようである。鷹揚に育った元雄は、若くしてイギリスに留学し、ロンドン大学に学んだ。帰国後は新しい西洋音楽の紹介につとめる一方、(中略)その紹介、啓蒙のための著述にも意欲を燃やし、長谷川と知り合う以前、東京堂から自費出版で西洋音楽に関する二、三の書物を出し、大正五(一九一六)年には、小林愛雄と雑誌『音楽と文学』を発刊、文学とのかかわりで西洋近代の音楽の紹介に当たっていた。

そして大田黒は自分の本を出版することを含めてまず六千円を融資し、「せっせと第一書房に貢ぐことになる」。様々な数字が挙がっているが、円本時代の『近代劇全集』の完結のために十五万円も注ぎこんだという。『セルパン』はその後に創刊されたのである。この事実からしても、第一書房は大田黒の支援なしでの存続はありえなかったことになる。だからそれが紙面に反映されるのではないだろうか。彼の単行本広告に多くの紙面が割かれているし、春山行夫の編集時代になっても、大田黒元雄の二十数冊の著訳書の宣伝が見開き二ページにわたって掲載され、そこには大田黒のダンディな写真もあり、次のようなコピーがゴシックで記されていた。

燦として輝く音楽書の金字塔! 日本洋楽界はこの著者を待って始めて国際的水準にまで高められた。かくて楽界の黎明は高らかに明けゆく!

第一書房では昭和三年に日夏耿之介たちの『パンテオン』、四年に堀口大学たちの『オルフェオン』、六年に犬養健たちの『文学』、片山敏彦たちの『リベルテ』を刊行している。したがって『セルパン』が大田黒元雄の意向、もしくは長谷川巳之吉の元雄に対する配慮で創刊されたと考えても不都合ではないように思われる。

そして大田黒元雄は第一書房のスポンサーとしてばかりでなく、長谷川巳之吉の背後にいてその動向や企画に大きな影響を与えていたようだ。『第一書房長谷川巳之吉』の中の「第一書房のころ」で、三浦逸雄は日本で最初のイタリア語の辞書である井上静一編『伊太利語辞典』が大田黒の企画だと述べ、春山行夫は「私の『セルパン』時代」で、「大田黒元雄さんと、その父の重五郎氏については色いろの伝説があるので、誰れか特別に興味をもった人に研究してもらいたい」と微妙なニュアンスをこめて記している。山岳書は明らかに大田黒の企画であろうし、この二人の証言は大田黒の企画がかなりあることを示唆しているのではないだろうか。

そしてここで山口昌男が第一書房について尋ねた林達夫の出番となる。「一冊の本」で林は自分が長谷川と知り合うずっと以前から、大田黒元雄の一番弟子であり、高校時代から彼のところに出入りし、入手困難な輸入レコードと最新の音楽情報を聞かせてもらい、著書の『露西亜舞踏』をもらい、大きな影響を受けたと語り、次のように書いている。

彼はロンドン時代、一時日本で出版をやる気があったのではないかと思わせるほど、造本の諸事万端に詳しかった。装丁用のクロース、マーブル・ペーパーの見本をロンドンから持ち帰っていて、向こうでそういう方面の契約をとっているとも云っていた。第一書房の出版目録を見て誰も目につくのは、初期に大田黒さんの音楽に関する著書や訳書がばかに目立つことだが、これは結局大田黒さんのイギリス仕込みの材料がそのおもわくとともに第一書房へバトン・タッチされていったことによるものであろう。初期の刊行本にイギリス色、つまり大田黒好みが色濃く滲み出ているのは、両方の切っても切れぬ仲を示すものである。大田黒さんのお父さんが銀行《ママ》家の大田黒重五郎氏で、親子二代がいろいろと第一書房の出発を後援していたという通説は、実はなかなか思ったより事情は混み入っているのである。

この文脈で山口昌男の発言があったとわかる。それから第一書房の豪華版や『近代劇全集』の装丁は十九世紀末から二十世紀にかけて、イギリスやフランスで刊行された愛書ブーム下の豪華本に酷似している。長谷川と異なり、大田黒はイギリスに留学し、その後もしばしば渡欧していたようなので、それらの豪華本を多く収集し、第一書房の範とならしめたのではないだろうか。そのように考えてみると、日本の出版界の突然変異とも思われる第一書房の装丁の成立が納得できる。おそらく第一書房と長谷川巳之吉の背後には絶えず大田黒元雄の存在があったのだ。だが大田黒は多くの著訳書、自分の企画による本を出したことで満足し、出版業の表に出ようとしなかったと思われる。

昭和十九年の第一書房の廃業後の長谷川の生活はかなり詳細に『第一書房長谷川巳之吉』に描かれているが、大田黒に関しては一行たりとも触れられていない。残念ながら、長谷川郁夫の『美酒と革嚢』にもそれらの事情に感づいているはずだが、大田黒の晩年について何も語られていない。かくして近代出版史は謎を残しながら、歴史の闇の中に閉ざされていく。

それでも堀口大学がコピーライターでもあったことを忘れないために、彼が明治チョコレートに寄せた「プレゼントに添へて」というコピーを引用しておこう。『セルパン』の昭和六年九月号の見返しにあり、おそらく全集にも収録されていないだろうから。

人よ、あなたはつらかった
あなたの心は苦《にが》かつた

それも私《わたし》の罪でした
このチョコレートを召上れ
みんな一度《いちど》に召上れ

人よ、あなたがやさしくなる
あなたの心が甘くなる

7　春山行夫と『詩と詩論』

『セルパン』の章で、春山行夫に触れてしまったので、春山、及び『詩と詩論』に言及しないわけにはいかないだろう。それに彼が『セルパン』の編集に携わる前に手がけていた『詩と詩論』を『セルパン』を購入した同じ頃一冊入手しているからだ。これは『セルパン』などとちがってポピュラーな雑誌ではないので、まず手軽に引けて、また最も簡潔と思われる『新潮日本文学辞典』の項の最初の部分を引用しておく。

「詩と詩論」　詩雑誌。昭和三・九―六・一二。七・三（「文学」と改題）―八・六、厚生閣発行。季刊。通巻二〇冊、当初の同人は安西冬衛、三好達治、上田敏雄、近藤東、北川冬彦、春山行夫、外山卯三郎、神原泰。大正末期以来の自由詩が一般に平板に堕し、一方でダダイズムその他のいわゆる新興詩派の破壊的な無秩序と、アナーキスト、マルキストの社会的・階級的イデオロギーの詩運動が起こっていたのに対して、新詩精神（エスプリ・ヌーヴォー）あるいは純粋なポエジー（詩精神）を提唱して現れた芸術至上主義的グループの機関誌である。今日いうところの現代詩は、このグループの運動を通じてその一側面を形成されたということができる。

私が古本屋で購入し、読んでいるのは『詩と詩論』の第十四冊だけなので、他の資料も参照し、もう少し補足してみる。昭和四十年の『現代日本文学大事典』（明治書院）の項は実際に『詩と詩論』の同人であった阪本越郎が担当しているために、これだけで優れた解説になっている。この三段一ページに及ぶ解説を踏まえ、出版社から始めることにしよう。

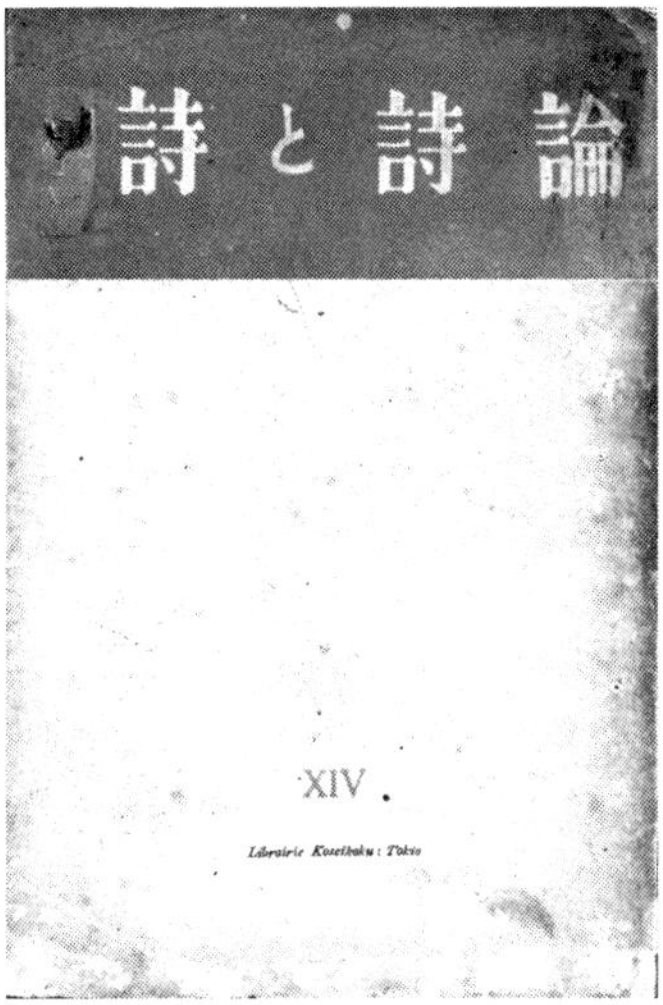

『詩と詩論』第14冊

厚生閣書店はキリスト教図書出版の警醒社に勤めていた岡本正一によって、大正十一年に創業され、宗教書や教科書を刊行していた。これは蛇足かもしれないが、警醒社の編集者であった土井伊惣太も同年に会社を辞め、天文書の恒星社を始めている。岡本は恒星社の創業にも関係していたようで、昭和戦時下の出版社企業整備を受け、両社は合併し、恒星社厚生閣となり、現在に至っていると思われる。

『詩と詩論』の編集者である春山行夫は長谷川郁夫によって、「昭和戦前の詩史におけるもっとも華やかな存在でありながら、のちに興行師、仕掛人、コーディネーター、オルガナイザー、イデオローグなどさまざまな〝称号〟をあたえられたまま忘れ去られた稀代の才人」にして、「モダニズムの消長は、かれ一個とともにあった」（『美酒と革嚢』）と最大のオマージュを捧げられている。私もまったく同感であり、春山行夫は群を抜いたエンサイクロペディストで、近代出版史においても比類なき編集者だったと断言していいだろう。

春山のことを考えると、私は彼の同世代の隣人として小栗虫太郎を思い浮かべてしまう。小栗の『黒死館殺人事件』に示されたヨーロッパ文化史についての驚異的なペダントリーはどのようにして身についたものなのか。同じようなことが春山についても言えるのである。春山のヨーロッパ文学に関する詳細な情報と知識はどのようにして得られたのであろうか。春山は明治三十五年、小栗は三十四年生まれ、前者は名古屋市立商業学校中退、後者は京華中学卒業である。

そして小栗の『黒死館殺人事件』の『新青年』での連載は昭和九年に始まっているので、春山の編集者としての行動や文学活動と併走していたことになる。二人とも同時代の生まれで、大学を通過していないにもかかわらず、独学で語学とヨーロッパ文化史を収得している。それは日本独特の教養主義とは無縁なモダニズムの昭和前期における開花を告げているのだろうか。

そういえば、稲垣足穂も明治三十三年の生まれ、関西学院中等部卒業であり、天体マニアゆえに恒星社の周辺にいた可能性も高い。昭和初期は一方でエロ・グロ・ナンセンスの時代だとされているが、近代都市の成熟は東京ばかりでなく、名古屋や関西もまた春山や稲垣足穂に象徴されるモダニズムの時代だったと言えないだろうか。三者ともまとまった回想録や自伝を残していないことが惜しまれる。

少し脇道にそれてしまったが、春山行夫に戻ろう。彼の父は輸出向け陶器に絵をつける新しい方法の考案者で、その病気のために春山は中学を中退し、後は独学で英仏語とエンサイクロペディア的知識を収得した。そして名古屋で『詩と詩論』の寄稿者となる佐藤一英たちと高踏的な詩誌『青騎士』を創刊し、大正十三年に詩集『月の出る町』を刊行する。『月の出る町』の一部は中央公論社版『日本の詩歌』25の「春山行夫」に収録されている。関東大震災後の大正十三年に上京し、やはり名古屋出身で、『詩と詩論』の寄稿者となる近藤東たちと詩誌『謝肉祭』を発行し、百田宗治のモダニズム的詩誌ともいえる『椎の木』に寄稿し、同人たちと親しんだ。

そして昭和三年に厚生閣書店に入り、『詩と詩論』を創刊し、五年間にわたって通巻二十冊を発行することになる。厚生閣書店とその事情について、春山行夫は「私の『セルパン』時代」(前出『第一書房長谷川巳之吉』所収)の中で自ら書いている。

私がそれまで勤めていた厚生閣が少人数で、社主は根っからの商人で、広告文などは一切書かなかったので、毎月でる四、五冊の新刊書の編集や広告は私がひとりで担当、季刊の『詩と詩論』は社主が私のために出版してくれたものなので、原稿の依頼、編集、校正はすべて一人で自宅でやっていたからで、ある意味で、これがその頃の中小出版社の普通の状態だったともいえる。

『詩と詩論』の出版社の厚生閣は、私が入社したときは編集部は私一人で、ほかに小泉君という若い校正係（中略）と、平井君という営業係（この青年は戦後厚生閣が恒星社（天文学書の出版で有名）と合併した新社の社長になった）と、倉庫係が二人ぐらいの小出版社だったが、私の在社中の六年間に社業は向上し、私がやめるとき、社長の岡本正一氏は「おかげで年間〇〇〇円（この数字は記憶していない）の成績になりました」と感謝し、翌年九月に私の評論集『文学評論』（菊判三七〇ページ）を出してくれた。

先の文章にある春山行夫の『詩と詩論』の編集等の仕事はすべて自宅でなされたという証言は、この雑誌の企画が厚生閣、及び既存の出版業界の人脈とまったく関係なく、春山個人の関係から執筆者たちが召喚されたことを示している。それは大正末期から昭和初期にかけてのリトルマガジンの人脈の総動員だと思われる。第一冊の編集同人は十人で、その中の近藤東は前述したが、安西冬衛、北川冬彦、滝口武士は『亜』、飯島正、三好達治は『青空』、竹中郁は『詩と音楽』、上田敏雄は『薔薇・魔術・学説』、神原泰は『造型』などの同人であり、その他の執筆者たちの多くが様々なリトルマガジンの関係者で、春山行夫を始めとして若い二十代の詩人が『詩と詩論』で一堂に会したことになる。

さらに大正十四年にイギリスから帰国し、慶應大学の教授になっていた西脇順三郎とその弟子である佐藤朔、滝口修造たちも加わったので、『詩と詩論』は当時のプロレタリア詩人以外のほとんどの若手詩人、阿部知二、安藤一郎、西川正身、那須辰造、高橋広江などの若い外国文学者たちが勢揃いしたのである。春山の編集者としての力量は実に見事なものだと言わざるを得ない。しかも原稿料は出ておらず、春山自身も『詩と詩論』から報酬を得ていなかったようだ。したがって春山の後の文章にある厚生閣の業績の上昇は会社本来の出版物によっていると考えられる。それに『詩と詩論』は毎号千部刷り、実売は六百部ほどだったという。また木原孝一は『日本の詩の流れ』（ほるぷ出版）の中で、「『詩と詩論』とその改題『文学』は昭和八年六月に終刊になった。詩の雑誌がベストセラーになるわけはなく、定価二円の『詩と詩論』がよく五十銭のゾッキで古本屋に並んでいることがあった」と書いている。おそらく終刊とともにバックナンバーが古書市場に放出されたのであろう。だが当時において『詩と詩論』のような雑誌が六百部の完売を示したことは特筆すべきだと思う。まさにここから現代詩が始まったからだ。

これは阪本越郎の解題からの再引用になるのだが、『詩と詩論』は春山行夫の次のような宣言によって始まった。

この冊子の主要な目的は、われわれが詩壇に対してかくあらねばならぬと信じるところの凡てのものを、実践するにある。われわれが、いまここに旧詩壇の無詩学的独裁を打破して、今日のポエジーを示し得る機会を得た。

新しい出版社、新しい編集者、新しい執筆者、新しい詩、新しい小説、新しい芸術、新しい表現に基づき、新しい季刊雑誌である『詩と詩論』はその第一冊を昭和三年九月に刊行した。もう一度高見順の『昭和文学盛衰史』を見てみよう。高見はわざわざ『詩と詩論』の創刊号目次を丁寧に書き写し、次のように書いている。

創刊号の目次を見ると「エスプリ・ヌーヴォー」の紹介と言っても詩的新精神のそれなのであるが、その詩的新精神の導入は、ただに日本の新しい詩人たちに瞠目や開眼を、あるいは聳動や影響を与えただけでなく、新しい作家たちにも同様の作用を及ぼした。それは雑誌そのものにも反映して、『詩と詩論』は新しい詩の運動展開のための雑誌たるにとどまらず、文学的「エスプリ・ヌーヴォー」運動のひとつの場となったのである。

彼等は英米における新文学の紹介者としてだけ『詩と詩論』で働いていたのではなかった。英米の二十世紀文学を紹介するとともに、十九世紀文学の殻を破れない日本文学の、その小説概念の変革を志したのである。そうして、日本における二十世紀文学の確立ということを考えたのである。

こうして、二十世紀文学というものが、日本で真に初めて考えられ出したのはこの時期である。新感覚派運動のときも、「世界的同時性ともいうべき意識」（平田次三郎）で、日本的二十世紀文学の模索が行われたが、英仏における二十世紀文学のいわばほんものの導入によって、日本の二十世紀文学というものを考え出すには、このときまで待たなければならなかったのである。

同時代を生きた文学者の目で、『詩と詩論』がもたらした影響を的確に描いている。高見の証言に付け加えれば、欧米の一九二〇年代から三〇年代は新しい文学形式を追求するリトルマガジンの時代であり、『詩と詩論』はそれらの動向に通じ、寄りそっていたことは明確で、それは春山行夫が昭和十六年に出した『現代世界文学概観』（新潮文庫）を一読しただけでわかる。それらのリトルマガジン運動はジェイムズ・ヒュネカーやエズラ・パウンドが主たる仕掛人だった。なおパリにおける二〇年代から三〇年代にかけての小出版社とリトルマガジンについては拙稿「シェイクスピア・アンド・カンパニイ書店」（『ヨーロッパ本と書店の物語』所収、平凡社新書）を参照されたい。

『詩と詩論』を古本屋で一冊買っただけで長々と書いて恐縮であるが、ここでようやく手元にある第十四冊の「小説の諸問題」特集に触れることができる。

昭和七年八月刊行、表紙の下に、「XIV Librairie Koseikaku:Tokio」とフランス語で記され、口絵にはジェイムズ・ジョイスの写真が使われている。この写真はシェイクスピア・アンド・カンパニイ書店で写されたものであろう。つまり明らかに春山行夫が『ユリシーズ』を独力で刊行したシルヴィア・ビーチのシェイクスピア・アンド・カンパニイ書店を意識していたことを示している。そして詳細に言及できないが、寄稿されたエッセイ、翻訳からうかがえることはジョイスのみならず、プルーストの『失われた時を求めて』を起点とする二十世紀文学の鮮やかな投影であり、まともに「内的独白」や「意識の流れ」が論じられ、さらにロレンス、ヴァレリー、エリオット、リルケ、ブルトン、ジッド、V・ウルフ、カフカ、ヘミングウェイ、ハックスレー、ブレヒト、コクトー、ドス・パソスなどが縦横無尽に言及されている。

この特集のコンセプトを春山の『現代世界文学概観』の中にある言葉で語らせよう。冒頭の「この書」を「この号」と置き換えれば、そのまま通用するからである。

この書は主として二〇年代から一九三〇年代の終りまでの世界文学の傾向とその主要な作品について展望を試みたもので、文学の動きがどのやうな環境と思想によつて動いたかを、「如何に」（ｈｏｗ）といふ面と同時に、「何故」（ｗｈｙ）といふ面からも考察してみたものである。

寄稿者は五十人以上に及び、西脇順三郎や先述した若い外国文学研究者たち、若手詩人たちの他に堀辰雄、田村泰次郎、北原武夫などの作家も顔を見せ、『詩と詩論』の執筆人の拡がりを示している。だがここでしか見られない名前も多いので、それだけは挙げておこう。堀大司、北村常夫、荘生春樹、山中富美子、阿比留信、葛川篤、旗窓一郎、三浦隆蔵、寺井邦男、高橋弘江、佐々木仙一、太田咲太郎などである。これらはどのような人たちなのであろうか。

さて内容について言及するととめどなくなってしまうので、春山行夫の「編集後記」にだけ触れることにしたい。それにしても驚いてしまうのはここに示された春山が持っている同時代の英仏の文芸書についての情報と知識である。彼は留学を経験していないので、海外からの直接購入、日本での洋書の購入によっていたと思われるが、多くの洋書が言及され、その中には戦後になってようやく翻訳されることになるエドモンド・ウィルソンの『アクセルの城』やハーバード・リードの現在でも未訳と思われる『理性とロマン主義』なども挙がっている。さらにカミングスの絶版になっている詩集Tulips and Chimneyにも及び、それを竹中郁からしばらく借りていた記憶があると書き、次のように記している。

この詩集は日本の菊判位の大きさ、所謂Evo判で、オリイヴ・グリンのクロース表紙に、ヒヤシンスのやうな薄紫でトップが染めてある。竹中氏はそれをパリのシェイクスピア書店(ジョイスの《ユリシーズ》を出版したモンマルトルの英米文学・芸術の専門店)で購はれたものである。

この時代にパリのシェイクスピア・アンド・カンパニイ書店を訪れ、詩集を購入した日本人もいたのだ。竹中郁はシルヴィア・ビーチとどのような会話を交わしたのであろうか。また春山はエリオットのHomage to John Dryden, Hgarth essaysにも触れ、初版は西脇順三郎のところにあったが、自分の持っているのは三省堂のバーゲンセールで買った第二版で、近藤東も丸善のバーゲンセールで同じ本を買ったと書いている。ところが現在ではエリオットの本がバーゲンではなく、定価でよく売れていて、驚くばかりだとも述べている。

このような記述に出会うと、当時の洋書輸入状況に興味をそそられてしまう。おそらく円高の状態にあった大正から昭和初期にかけて、驚くばかりのありとあらゆる種類の洋書が日本に流入してきたのではないだろうか。そのような背景があって、春山行夫を始めとする『詩と詩論』の執筆者たちのモダニズムの素養が形成されたと思われる。

そして翌年の一月には別冊として『年刊小説』が予告され、別ページの広告を見ると、阿部知二の「樹木と音楽」を筆頭に三十編近くの「今日の新しき小説」を収録し、この「小説の諸問題」特集の応用編であるかのようだ。

さらに巻末の二ページにわたって、二十冊に及ぶ「現代の芸術と批評叢書」の広告が掲載されている。これも春山行夫編集とあり、『詩と詩論』のかたわらで、彼が次々と企画し、刊行したものだ。「われわれはわれわれの創造的能力を、単に現象的な出版界の趣向に委せることができ

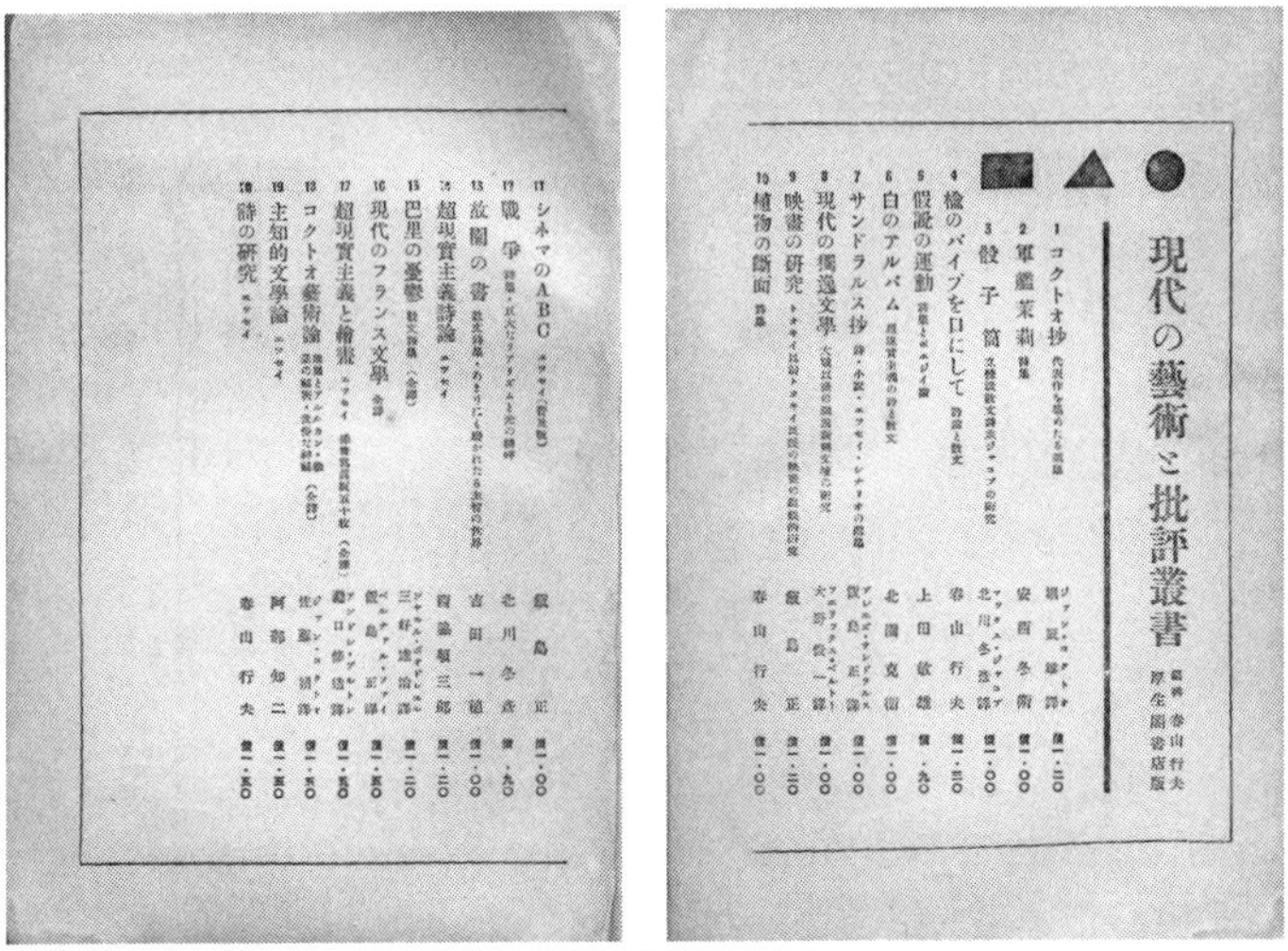

「現代の芸術と批評叢書」広告

ない」という趣旨のもとにそれぞれ千部印刷したが、三百部も売れない本もあったという。おそらく出版業界だけでなく、文壇やアカデミズムにあっても、春山行夫は突然どこからともなく現われた詩人、編集者、研究者にしてモダニズムのオルガナイザーのように映ったにちがいない。そして正規の学歴も持たず、文壇とも無縁で、厚生閣書店という傍流の出版社にいたために、異端者として扱われたままで、彼に関するまとまった研究としては小島輝正による『春山行夫ノート』（蜘蛛出版社）が残されているだけである。

戦後になってエンサイクロペディストとしてNHKの『話の泉』に出たり、平凡社や小学館の百科事典の編集委員、監修を担当したと年譜にあり、それでも自伝を書くつもりでいたようだが、おそらく依頼する編集者がいなかったために、平成時代に至り、九十代まで長寿をまっとうしたにもかかわらず、書かれなかったと推測される。

そしてまた同時代にあって春山行夫と『詩と詩論』に併走した出版社も最近までその全貌が近代出版史の中に埋もれたままでいたのである。それはボン書店で、古本屋の石神井書林の内堀弘の『ボン書店の幻』(白地社)によって初めて明らかにされた。詳細は同書を読んでもらうしかないが、昭和七年から十三年にかけて、ボン書店の鳥羽茂は妻と二人で、春山行夫の『シルク&シルク』を始めとする詩集を三十冊余り、『マダム・ブランシュ』などの五つほどの雑誌を刊行した。詩集の大半が『詩と詩論』の執筆者たちだった。だが昭和十四年になって、鳥羽茂は人々の前から姿を消し、故郷の阿蘇で死んだという噂が流れ、ボン書店はそれこそ「幻」の出版社と化していたのである。内堀によってボン書店の全出版物と鳥羽茂の年譜が明らかにされるまで、この出版社は半世紀以上も謎に包まれていたことになる。

『ボン書店の幻』が平成四年に刊行された時、春山行夫はまだ存命だった。彼はこの本を読んだであろうか。ボン書店は内堀弘の努力によって出版史の闇から救出されたが、昭和四年の『改造』八月号の「懸賞文芸評論」に春山が応募し、第一席の宮本顕治の「『敗北』の文学」、第二席の小林秀雄の「様々なる意匠」に続いて第三席になったというが、その内容も含めて明らかではない。春山行夫とモダニズムの時代はまだその謎が解かれていない。

8　大宅壮一と『人物評論』

表紙に赤い文字で「大宅壮一編輯」とある『人物評論』という雑誌を古本屋で入手した。昭和八年四月号で、創刊第二号であった。

事典類にこの雑誌の記載はないので、またしても高見順の『昭和文学盛衰史』を開いてみると、やはり『人物評論』も取り上げられている。高見順はまず昭和八年に現在の『文学界』が文化公論社から創刊され、そしてまたその出版社が『犯罪公論』というエロ・グロの猟奇雑誌を刊行していたと記し、次のように続けている。

『人物評論』という一種の暴露雑誌が同じ昭和八年の三月に創刊されているが、それに毎号『犯罪公論』の目次が載っている。同種同類のよしみというところか。『人物評論』に載った広告を見ると、たとえば『犯罪公論』の同年四月号の内容は、「女学生恐怖時代、偽衛生官出現」「売笑生活四十年」「ダンサー哀話・国際娘を拵えた駐日伊代理大使」といったあんばいで、まずこういった種類の挑発的な記事を満載した雑誌だった。

『人物評論』昭和8年4月号

手元にある『人物評論』四月号掲載の『犯罪公論』の広告を見ると、まさに同じ内容なので、高見順がこの号を参照し、引用した文章を書いていることがわかる。そして文化公論社における『文学界』と『犯罪公論』の共存について、当時のエロ・グロ雑誌はその背後に一種の社会的反逆精神を持っていたので、異和感や不潔な印象を受けなかったと述べ、「『人物評論』もまた俗悪のうちに一種の叛逆をひそめた雑誌なのだった」と記している。

大宅壮一は戦後に評論家として名をなし、文藝春秋によって「大宅壮一ノンフィクション賞」も創設されているが、昭和初期は大正デモクラシーとマルクス主義の影響を受けた出版プロデューサーの側面が強かった。新潮社で『社会問題講座』を企画編集し、ベストセラーならしめ、それが縁で、『新潮』に評論を書くようになり、ジャーナリズムと文壇にデビューするのである。

また綜合翻訳団を結成し、中央公論社のバートン版『千夜一夜』を始めとするシリーズ物の翻訳、及び様々な訳者名で刊行されている多くの翻訳を仕上げている。この「翻訳工場」は大宅が円本の『モンテ・クリスト伯』（新潮社『世界文学全集』）の代訳の経験から発想され、二十人ほどの「従業員」がいた時期もあり、戦後のベストセラー翻訳者の大久保康雄もその一員だったという。そうした出版プロデューサーの延長線上に『人物評論』も企画されたのであろう。それに中学の同窓生の川端康成が成功した『文藝春秋』の同人であったことにも刺激を受けていると考えられる。

さてこの『人物評論』を読んでみると、スキャンダル、ゴシップ、内幕暴露、権威ある人物への攻撃がベースになっていて、戦後の週刊誌や反体制的ジャーナリズムを先取りしていることがわかる。その意味において、『人物評論』は早すぎた雑誌と言えるかもしれない。大宅壮一は巻頭言の「ヨーヨー時代相」で、ヨーヨーの大流行について、この遊びの特色は極端な単純さの中に微妙な技巧があり、それでいて徹底的に無意味、非生産的で、年齢や性別を捨象してすべてが幼児性の中に還元されてしまうと述べ、そこに昭和八年の社会を見ている。

　その中にわれわれ現代人一般、といふよりはむしろ、未来に対する一切の望みを、反動のコンクリートの中に閉ぢこめられてしまつた階級の、傷ましい姿を見出すことができる。彼等をこの無意味、この非生産、この無気力の中に追ひつめて行つたものは、果して何であるか？

創刊の前年には満州国の建国があり、五・一五事件が起き、警視庁に特高が設置され、創刊の昭和八年に入ると、ドイツでヒトラーが首相に就任し、日本は国際連盟に脱退通告を発し、また小林多喜二が築地署で拷問のために殺されている。しかもその死体の引取人になったのは大宅壮一であり、そのような「ヨーヨー時代」を背景にして、『人物評論』は刊行されたことになる。すべてに言及できないが、特色のある記事を取り上げてみよう。

まず「看板に偽りあり」という特集で、「ニセ・マルクス四兄弟」と題され、郷登之助の署名で、大森義太郎、向坂逸郎、佐々弘雄、石浜知行の仮面が三十ページにわたって割かれている。マルクス兄弟の映画を例に取りながら、新しい社会を建設しようとするプロレタリア陣営にもたちの悪い「インチキ師」がいて、マルクスやレーニンの言葉で偽装し、非プロレタリア的役割を演じ、害毒を垂れ流していると指摘し、次のように始めている。

近年「論壇の寵児」として、ブルジョア・ヂヤーナリズムの桧舞台を殆ど完全に独占してしまつている大森義太郎、向坂逸郎、佐々弘雄、石浜知行の「四兄弟」の如きは、そのもつとも著しい例で、彼等はいづれも、ブルジョア大学の講壇を食いつめて、更に今度はプロレタリアートといふ新興階級を食物にしているヤクザもの丶一組である。

そして彼ら四人の内幕が暴かれていく。「ヨーヨー時代」にしても、「論壇の寵児」にしても、言葉や人物を代えれば、現在でも何も変わっていないように思われる。

川口浩の「小林多喜二論」と小林三吾の「兄多喜二を語る」は小林多喜二への追悼であり、「ニセ・マルクス四兄弟」に対する当てつけではないだろうか。さらに「ニセ・マルクス四兄弟」に準ずると考えられる東大などの「低能教授列伝」、静高などの「無能校長列伝」も辛辣をきわめている。

『人物評論』の追求は文壇や文学研究の世界にも及んでいる。平木二六による「インテリ・ルンペン第一課」は「風に吹き散らされた一つの文筆風来記録」というサブタイトルがあり、尾羽打ち枯らした詩人の生活が自らの詩を交えて語られている。ルンペンのような暮らしの中で詩を書き、友人たちの喜捨に頼る生活である。友人たちが実名で挙げられている。百田宗治、室生犀星、高橋新吉、平戸廉吉、中野重治、萩原朔太郎、堀辰雄、さらに何と第一書房の長谷川巳之吉、三浦逸雄、『詩と詩論』の春山行夫、北川冬彦、三好達治が登場するのだ。脱落してしまった詩人の悲哀が文章ににじみ、当時多くの文学者たちがこのような道をたどったのではないかと推測され、昭和初期の文学の影の部分を伝えている。

念のために、『日本近代文学大事典』で引いてみると、平木二六は立項されていた。大正十五年に室生犀星の序、芥川龍之介の跋を付した詩集『若冠』(近代詩歌社)を上梓し、中野重治、堀辰雄たちと『驢馬』を創刊するとあった。「新潮日本文学アルバム」の『中野重治』に収録されている『驢馬』のところを見ると、おそらく脱退したために本文に同人として挙げられていないが、創刊号目次には「チャボ」(詩)、平木二六と記されていた。

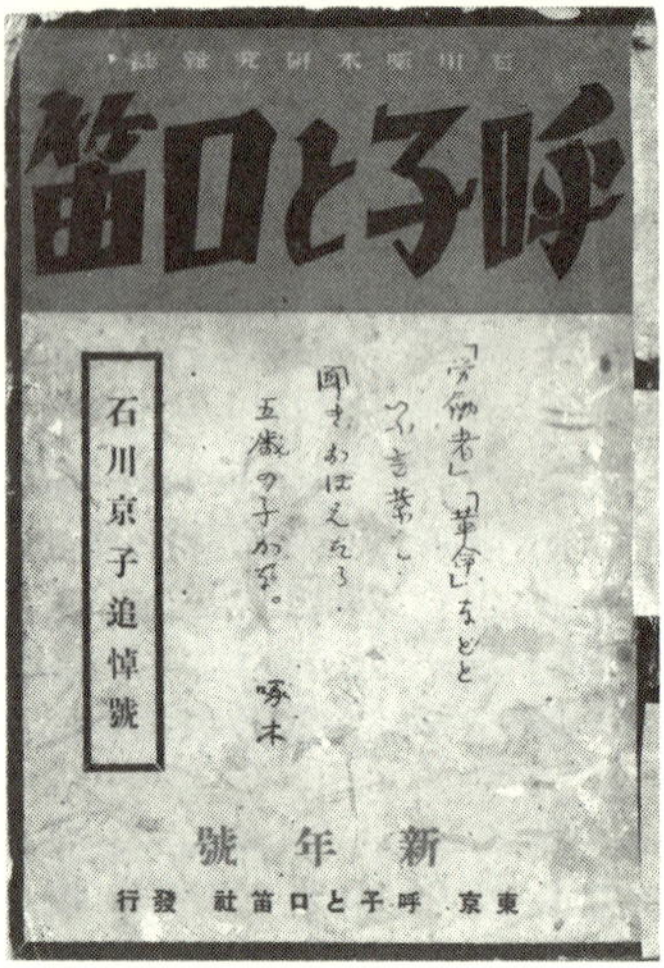

『呼子と口笛』昭和6年1月号

石川正雄の「喰はれた遺言」は石川啄木の娘婿による啄木の日記の公表をめぐる手記である。その前に書いておくと、各地に啄木会ができるほど啄木ブームになり、石川正雄は啄木研究誌『呼子と口笛』を昭和五年に創刊している。これも先頃一冊入手した。この記事は同年の『改造』の二、三月号に啄木の日記が公表されたことに対する抗議文である。公表した吉田孤羊も『呼子と口笛』の執筆者にして『啄木写真帖』（改造社）などを持つ著名な啄木研究者で、いわば啄木教内部の争いをさらけ出している。石川正雄は遺族として啄木の遺言を守り、日記は絶対に公表せずとの立場をとってきたが、吉田がそれに背き、ひそかに日記を写し、公表してしまったと弾劾している。

これらの三つの記事は表紙の目次の柱になっていて、大宅壮一の主張を裏づけているのではないだろうか。つまり「ニセ・マルクス四兄弟」で指摘があるように、現実の社会に立脚しないで、「一握りの文筆者のギルド組織」と化している論壇に加えて、同じような傾向にあるアカデミズム、文壇、文学研究の世界の実態の報告を目的として、この『人物評論』は創刊されたのではないだろうか。またそのことを通じてファシズム化していく日本の社会を描き出そうとしたようにも思われる。

『人物評論』の創刊と内容について、青地晨は「大宅壮一の世界」（大宅壮一・一巻選集『無思想の思想』所収、文藝春秋）で、次のように書いている。

昭和八年、大宅は翻訳団を解散して、こんどは『人物評論』という雑誌をやりはじめた。住居も吉祥寺の家を売払って日本橋茅場町のアパートへ移した。（中略）

この『人物評論』については、『放浪交友記』でもわずか二行しか大宅は書いていないので、なぜ雑誌を発行する気になったのかわからない。（中略）『人物評論』という誌名は、このころの大宅の興味の対象が、イデオロギーや理論よりも、人間自体にあったことを物語っている。

この『人物評論』には、郷登之助の筆名で、『ニセ・マルクス四兄弟』、『遊蕩〃人格〃四兄弟』などの巻頭人物編を載せ、これが非常な評判になった。前者は労農派の大森義太郎、向坂逸郎、佐々弘雄、石浜知行の四人、後者は阿部次郎、安部能成、小宮豊隆、和辻哲郎を論じたもので、データの収集と読み手、下書き、総まとめのアンカーというふうに、集団で制作された。もちろんアンカーは大宅で、その庶民的な毒舌は痛烈をきわめている。

ここで郷登之助の実態が明らかになり、すでに戦後週刊誌のアンカーシステムが導入されていたことになる。

だがここで問題にしなければならないのは『人物評論』が昭和九年に十三号で廃刊になってしまったことである。資金は円本の収入で得た吉祥寺の家を処分して作り、夫人である大宅昌は息子の乳母車代をもらっただけだった。彼女は『大きな駄々っ子』(文藝春秋)の中で記している。

その他の金は全部『人物評論』創刊に使われてしまった。あの頃、一寸したセンセーションをまき起こした大宅流の総合雑誌であったが、何を考えたか、第十三号をもって打ち切った。理由は誰にもあかさなかった。

そして彼女は次のように付け加えてもいる。

雑誌『人物評論』を廃刊してから、しばらく大宅の人生最大の失意の時代が来た。これは一世一代、大宅大失敗の巻である。

おそらく大宅壮一は人物評論社の経営に大失敗したのだと思われる。出版プロデューサーとして数々の成功を収めてきているにしても、それらは出版編集業であり、出版業ではなかったのだ。『人物評論』が早すぎた雑誌だと前述したが、それだけでなく、紙面を一覧するとすぐわかるのは見返し、目次の裏、裏表紙を除いて、広告がまったく入っていないことだ。雑誌の原型は確かに記事にあるが、出版業の鉄則からいえば、まず何よりも雑誌は広告収入なのだ。つまり大宅壮一も雑誌編集は熟知していても、雑誌社経営はわかっていなかったのだ。それに創刊号の取次からの売上入金は三ヵ月後であったと考えられるから、運転資金だけでも莫大な金が必要とされたであろう。それに加えて売上部数が伸びなければ、苦境に陥るしかなかったと思われる。大宅昌の文章はそのことを告げているのだ。

大宅壮一にしても「理由は誰にもあかさなかった」ほどで、そのために出版の歴史は戦後になってまたしても繰り返される。それは弟子にあたる梶山季之のまさに『人物評論』を継承する『噂』の創刊で、梶山もまた出版業に敗退し、『噂』も廃刊に至るのである。

9　小山書店と『八雲』

小山書店は昭和二十五年にロレンスの『チャタレイ夫人の恋人』を出版し、所謂「チャタレイ裁判」となり、それが原因で倒産に追いこまれてしまったが、戦前は著名な文芸書出版社である。残念なことに全出版目録はないが、小山久二郎によって、「小山書店私史」と付された『ひとつの時代』（六興出版）が書かれているので、その社史はたどることができる。

小山書店はいくつかの雑誌も出していて、その中に『八雲』がある。戦後すぐに刊行された同名の短歌雑誌は各種文学事典に立項されているが、小山書店版は見当らない。季刊の予定が実際には年刊になり、しかも第三輯までしか発行されなかったからであろうか。

まずは『八雲』について小山久二郎に語らせよう。時代は太平洋戦争下であり、昭和十七年には日本文学報国会が発足し、大東亜文学者大会が同時期に開かれていた。

『八雲』はクォータリーの形式をとったが、これは戦時下の情況から日本の文学を護るという意気込みで企画したものであった。島崎藤村、志賀直哉、里見弴、瀧井孝作、川端康成、

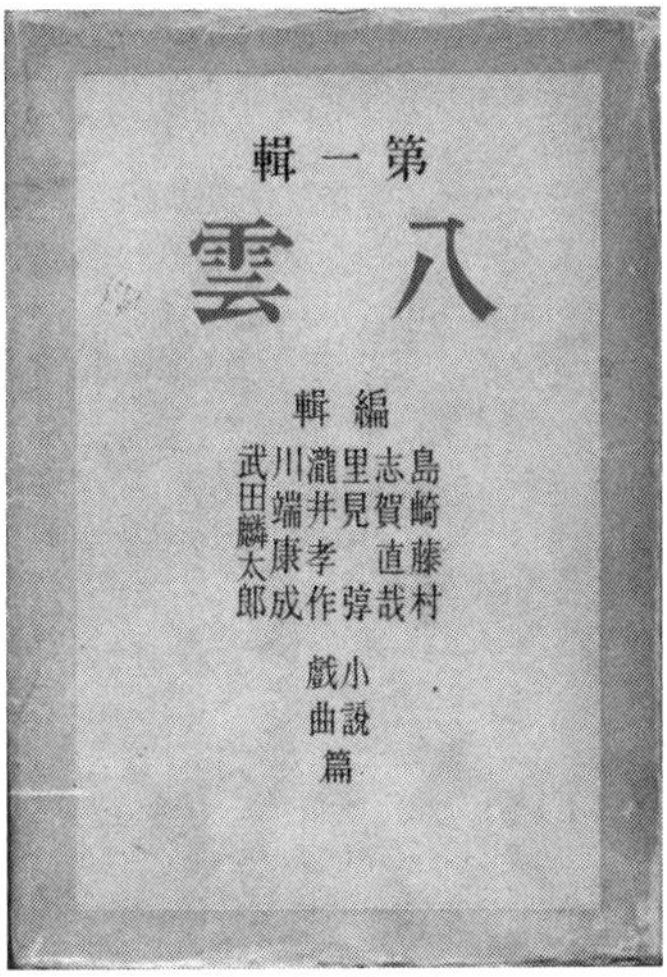

『八雲』第一輯

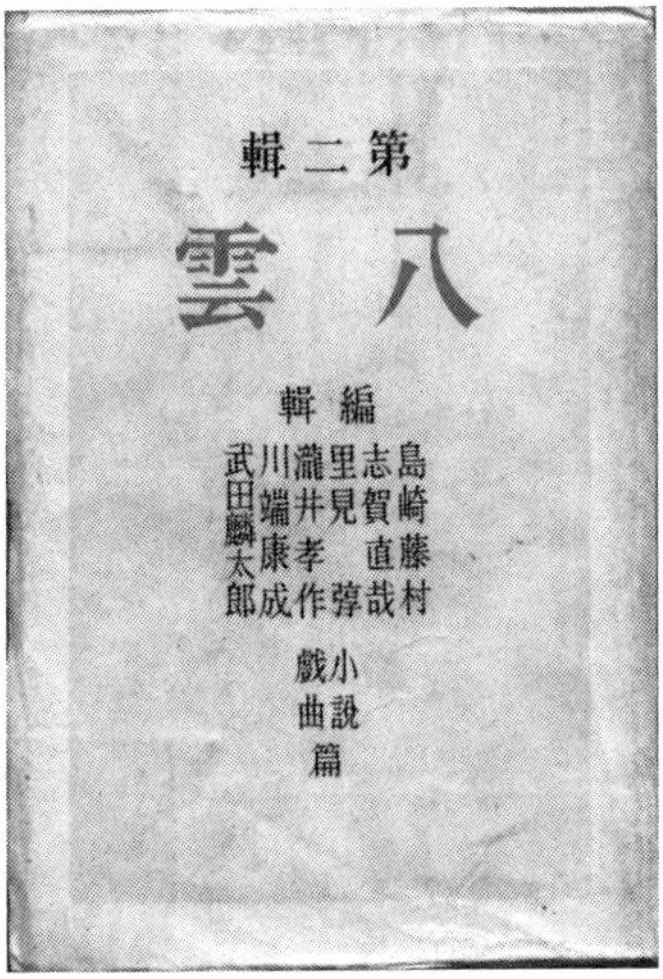

『八雲』第二輯

武田麟太郎の六人が実際の編集にあたった。藤村は高齢のため編集会議に出席はしなかったが、他の人達は真剣に集まって熱心に協力しあった。当時『中央公論』『改造』など主だった文学を売り物にした雑誌ですら創作欄はせいぜい三〇頁程度にすぎなかったが、この『八雲』は第一回（昭和十七年八月二十五日発行、初版三万部）のもので三五六頁が創作という雑誌であった。もちろん、こういう出版が当局のお眼鏡にかなうはずもなく、用紙の配給もほとんどなく、闇で買った仙花紙でまかなったのである。

そして小山は『八雲』のタイトルは日本の最初の歌だと言われる「八雲たつ出雲八重垣」を思い起こし、提案したことで決まったと話してもいる。さらにこの雑誌の創刊意図からして、最高の原稿料である一枚十五円を基準と考え、川端康成に届けたら、川端は驚き、僕にはそんなに出さなくていいと言ったというエピソードも紹介し、『八雲』の創刊について「一般には大きな歓迎をもってむかえられた」と書いているが、新進評論家の批評への不満を除いて、それ以上の言及はされていない。

この『八雲』の第一、二輯を数年前に古本屋で入手している。菊判で表紙に編輯として六人の名前が記され、「小説戯曲篇」とあり、レイアウトは昭和二十一年刊行の徳田秋声の『縮図』に判型ともども踏襲されているように思える。せっかくの機会であるから、それらの目次を示しておこう。

第一輯

「耳を洗ふ」　島崎藤村
「鳴る枝」　里見弴
「北斎絵巻」　宇野浩二
「作者と悪魔」　武者小路実篤
「一年目」　網野菊
「日記から」　横光利一
「狩衣」　室生犀星

「鶉」　真船豊
「名人」　川端康成

第二輯
「オロンガポの一日」　火野葦平
「白壁の家」　長与善郎
「今年の初夏」　正宗白鳥
「活字と船」　徳永直
「落穂」　川崎長太郎
「□子への手紙」　中勘助
「帰去来」　太宰治
「祖神之燈」　石塚友二
「波しぶき」　久保田万太郎
＊
「実力をもつ」　里見弴

二冊を通読してみるとわかるのだが、戦時下を訴えているのは第一輯の島崎藤村の「耳を洗ふ」、第二輯の里見弴の「実力をもつ」で、前者は『八雲』の「序」、後者は「後書」に当たり、当局に対する外交辞令も含まれていると推測される。それと武者小路実篤の「作者と悪魔」、横光利一の「日記から」の二作にも戦時色がにじんでいるが、他のすべての作品は戦時下をあまり感じさせず、この時代にあっても、それぞれの文学者たちが迎合せず、真摯に自分なりの作品を追求した事実を示している。太宰治の「帰去来」や川端康成の「名人」が『八雲』に掲載されていることを初めて知った。さらに言うならば、第二輯にある中勘助の「□子への手紙」こそは戦時下にあって極度に自分だけの世界にこもった異様な作品だと思わざるをえない。

「□子への手紙」は第二輯において五十ページと最も長く、中勘助が□子へ宛てた四十通ほどの手紙で構成されている。中勘助の文学世界を形成する日記体随筆の一環と見なせるだろう。それらの手紙は大正五年から昭和十七年にかけてのもので、中勘助は長きにわたって手紙のすべてを複写していたことになる。ほとんど平仮名の手紙から、昭和に入ると普通の漢字交じりの文章になり、□子の成長がわかる。そして宛先から考えると、彼女は代々木からパリに向かい、ジュネーヴに滞在し、再び東京に戻っている。その間に彼女は結婚し、子供を生み、最後に付け加えられた中勘助の文章で昭和十七年に三十五歳で亡くなっていることが判明する。

異様な作品だと前述したが、□や□□が多用され、読者はそれが誰なのかわからないままに中勘助の手紙を読まされることになる。『菩提樹の蔭』も彼女のために書かれたようなのだ。「かはいいかはいい□□さん」とか、「お菓子のかはりにあなたをたべちまひますよ。そのほうがよつぽどおいしさうね」とかいった文章はまさに他の作品に比して異様であり、掲載に当たっても決断が必要だったと思われる。手紙は特に昭和五、六年に集中し、「あなたは自分が『妻』となつたことが私をあなたから奪ひ去つたと書いてよこした」という文章も手紙に挿入され、「あなたをはじめて見てからもう二十年になるね。『子供』が『令嬢』になり、『夫人』になり、『お母様』になつた。桑の葉のうへでお蚕が育つやうに膝のうへであなたが大きくなつてゆくのをみた」ともあった。そして最後の文章が添えられている。

この原稿ができてちやうどひと月、まだ発表されないうちに□子は亡くなつた。あすは告別式である。

あなたが生まれたことは私に大きな幸福であつた
あなたとくらしたことは私に大きな幸福であつた
あなたのこれまでにない静かな最後の顔をみたことは私にせめてもの慰めであつた
□子や　三十五年は長かつたね

（昭和十七年七月二十日）

この「□子への手紙」は大正時代に『思想』に掲載した「郊外　その二」とともに岩波文庫の

『菩提樹の蔭』に昭和五十九年になって収録された。そこで□子は妙子と表記され、山本健吉の「解説」によって、妙子が中勘助の大学時代の友人江木定男の娘であるとわかる。「郊外　その二」は大正五年と六年の日記から妙子との交流の場面を抽出し、作品化したものであろう。読み出すとすぐに次のような文章にぶつかる。

ぶよぶよふくらんだ頰へ長いキスをしてやる。じっとしておとなしくさせた。なんだかこんなにしてもこちらの気もちがちっともさきへつうじないんだからいつももの足りないような具合だが、それだけやっぱり気もちよく可愛がることができる。そうして常に飽きることがない。

富岡多恵子は平成五年に刊行された『中勘助の恋』（創元社）を「郊外　その二」から始め、最初にこのような文章をいくつも引用し、さらに妙子の写真まで示したうえで書いている。

いっさいの先入観、予備知識なしに『郊外　その二』を読む者にも、ふたりの「接触」は三十歳をこえた男と十歳前の幼女の無邪気な「交流」として済ませるには「あやうい」気配、いやはっきりいえば擬似的な性行為であるのに気づくはずである。ただそれを、おそらく当時の、勘助と妙子のまわりの人間たちが「無邪気な遊び」として微苦笑とともに見送って、凝視することを避けたのと同様に、マサカと思いたがる心情から性的な気配など思いもつかぬ振りを、中勘助の「愛読者」もしてきたのではないか。

そして富岡多恵子は若くして未亡人になった江木万世や娘の妙子との中勘助の関係、妙子の結婚事情とその生活、中勘助の家族の問題と結婚に至る経緯を詳細に追跡し、「男らしさ」のない『銀の匙』の世界を分析し、また妙子以外の「幼い女の子たち」との交流にも触れ、和辻哲郎宛の手紙の「私は京子ちゃん（和辻の娘─引用者注）の様な小さな人達を可愛がる為に生まれてきたのでせう」という一節を引き、中勘助の「小児愛」的傾向を指摘するに至る。「小児愛」はロリータ・コンプレックスと言ったほうがいいかもしれない

さらに中勘助の「小児愛」の「不気味さ」について、万世を始めとする女性たちとの性的な関係の忌避ともつながっているが、それが指摘されてこなかったのは日記体随筆による自分の巧妙な隠蔽とともに戦前の家父長制の社会システムがあるのではないかという仮説を提出している。

強固な家父長制は、「娘」「嫁」「母」「妻」「妾」のような役割によって「女」を分断して、未分化の「女」が生きるステージを与えない。逆にいえば、そういう社会での「男」は、「女」と対峙しないですごすことができ、母の「息子」、家族には「家長」、妾その他奉公人の「雇い主」、娼妓の「客」というような役割に、時と場合で出入りする。たまたま男が

「幼女」を可愛がったとしても、「女」以前の「幼女」は役割によって「女」が分断せられたもの「娘」や「嫁」や「母」のような社会的性別からは除外されているので、そこに性行動の入りこむスキがあるとは認識されていないのだ。

ここに現在の私たちから見れば異様な作品、それこそ「不気味さ」すらある「□子への手紙」が戦時下の『八雲』に収録された理由が述べられているように思われる。戦時下とはまさに「強固な家父長制」の体現であるからだ。

そしてさらに富岡多恵子は根拠を示していないが、「〈倒錯に対する親和性がきわめて高〉い家父長制の社会」とまで言っている。この富岡多恵子の言葉はきわめて重要に思える。なぜならば、彼女は続けて折口信夫にそれを見出し、『釈迢空ノート』（岩波書店）の中で折口信夫に同性愛を含めて決定的な影響を与えた藤無染という謎の人物を突き止めている。藤が折口に釈迢空の名前を与えたのだ。そして折口信夫が弟子たちと構築した世界こそは「〈倒錯に対する親和性がきわめて高〉い家父長制の社会」だったのではないだろうか。

10　講談社と『大正大震災大火災』

大正の十二年秋一瞬に滅ぶる街を
眼のあたり見る

与謝野晶子

かつて「地震と図書館」(『図書館逍遥』所収、編書房)という一文を書いた時、できるだけその時代の出来事は当時の事典を参照することにしているので、昭和七年刊行の『大百科事典』(平凡社)における「関東大地震」の項を参照したことがあった。

拙文のテーマは関東大震災と図書館の炎上、それによって生じた多くの「典籍の廃墟」(内田魯庵)であり、直接言及しなかったけれども、戦後の事典に比べて、迫力の異なる記述とその生々しさに驚かされた。二ページにわたる十四枚の写真、及び死傷者、行方不明者、家屋被害、他の大地震との被害の比較を記した三つの表は地震のすさまじさを何よりも物語っていた。おそらくまだ関東大震災の記憶が残っていたからこそ、こうした臨場感のある項となったのであろう。

『大正大震災大火災』

このような機会を得たので、地震のすさまじさを告げるこの三つの表を掲載した『大百科事典』のページだけでも示してから始めることにしよう。

その後近代出版史を調べていくと、出版業界が関東大震災によって壊滅的被害をこうむり、まったく変わってしまい、それを契機にして昭和初期円本時代を迎えたこと、さらに講談社の著名な『大正大震災大火災』以外に、いくつも関東大震災に関する特集雑誌が刊行されていることを知った。昭和十五年に文芸書出版の桜井書店を立ち上げることになる桜井均は晩年の随筆集『奈落の作者』（文治堂書店）に収録の「震災前後のことども」で地震後に独立するつもりで企画した淡路呼潮の『浅草観音霊験記』と宮崎夢郷の『関東大震災実話』について書いている。前者は浅草観音だけが焼け残ったことから思いついた企画だった。著者は二人とも桜井が勤めていた赤本屋系の作家で、宮崎は東京毎日新聞の記者だった。

どちらも丸二日で脱稿した。それを直ぐさま小石川戸崎町の未知の印刷所に持ち込んだ。

關する勅旨の傳宣をなし、兼ねて多少市中の民政に干與した。（藤井）

カントーダイジシン　關東大地震　大正十二年九月一日午前十一時五十八分頃關東地方に大被害を生ぜしめた大地震。近年の地震中、世界的の大地震で、被害甚しかつた。

【震源位置】多くの地震學者の測定があるが、中央氣象臺で七十餘箇所の地震計觀測結果から求めた震源の位置は、東經一三九度一七分、北緯三五度二二分、即ち相模川河口、平塚市の北西、金目附近の直下約二八粁となつてゐる。また震央に於ける發震時は午前十一時五十八分三十一秒であるから、震源では午前十一時五十八分三十一秒に感じた筈である。この地震は地塊運動の一種で、神奈川縣根府川附近を通り、北一五度西に走る斷層を境として東方地塊が陷落し、西方地塊が隆起したために起つた。なほこの斷層は相模灣を南東から北東に横切り、北は山梨縣までも伸びてゐるらしく、當時これを境に大地變があつた。またこの斷層は東方に水平面と約四八度角の傾斜斷層である。

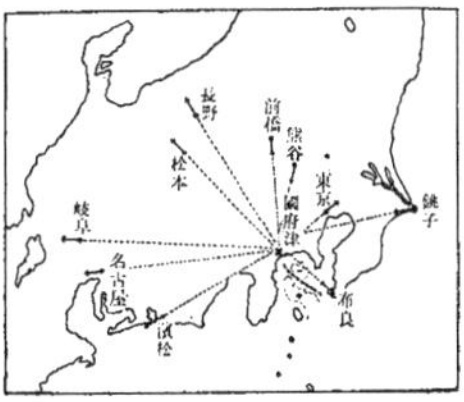

關東大地震の震央（×）と大變動の各點（……）

【震度分布】區域はかなり廣汎に亙つて人身に感じた。即ち北は北海道の旭川、函館、釧路等でも人體に感じ、西は朝鮮の仁川、南は九州一帶及び名瀬島、沖繩でさへも人體に感じたほどで、しかもなほ全世界の地震計に記錄を留め、明瞭に地動を觀測した。

【被害狀態】被害は一府八縣に亙り、殊に神奈川縣が最も激しく、東京府、千葉、埼玉、靜岡の各縣がこれに次ぐ。但し東京市では火災の被害著しく、死者も燒死者が大半を占めた。殊に本所區被服廠跡の燒死者は萬を以て數へ、淺草區吉原の燒死者もまた夥しかつた。東京市内の全死者數五八、五七四人中、地震による壓死者は僅に二〇〇〇人、即ち全死者の三％強に過ぎない。當時の被害を内務省警保局、警視廳、各縣警察署等の調査に從つて統計すると、まづ死傷者は次の通りである。

府縣名	死者數	傷者數	行方不明數
東京府	六〇四二〇	三一〇五一	三六六三四
神奈川縣	二九三一三	六六三九〇	三五五九
靜岡縣	三六〇	一二六四	六四
千葉縣	一三七〇	二七七六	
茨城縣	五	四〇	
埼玉縣	三一七	五一七	
栃木縣		四	
長野縣		三	
山梨縣	一七	五三	
合計	九一八〇二	一〇二〇九八	四〇二五七

即ち關東大地震の死傷、行方不明者總數は、二三四、一五七人。家屋の被害は次表の通り。

府縣名	燒失戸數	全潰戸數	半潰(燒)戸數	流失戸數
東京府	三一六一二七	四二八九六	一八八三一	
神奈川縣	六四七五三	五八七四三	四二九八四	七五三
靜岡縣		四八九〇	六三五七	
千葉縣	四四〇	三〇七一五	一四〇四九	一一一
茨城縣		五一七	六二八	
埼玉縣		八〇七三	五六四六	
栃木縣		九	一〇七	
長野縣		五五	三〇	
山梨縣		六一三	九二四	
合計	三八一三二〇	一四六五一一	一八九五三三	八六四

即ちこの地震による家屋の被害は、總計六一八、二二七戸に及ぶ。いま試みに關東大地震と既往の大地震との被害を比較して見ると左の如くである。

年號と西暦年數	震災地名	死者數	潰家、燒失戸數
元祿十六年（一七〇三）	相房大地震	五二三三	二〇一六二
弘化四年（一八四七）	善光寺大地震	八六〇〇	二一〇〇〇
安政元年（一八五四）	東海道大地震	六〇〇	八九〇〇
安政元年（一八五四）	南海道大地震	三〇〇〇	三一〇〇〇
安政二年（一八五五）	江戸大地震	三八九五	一四三四六
明治廿四年（一八九一）	濃尾大地震	七二七三	一四二一七七
大正十二年（一九二三）	關東大地震	九一八〇二	九二七八三一

即ち關東大地震は既往の大地震とは比較にならぬ程度の激震であつたことが判る。現在老人中には安政二年十月二日の江戸大地震と關東大地震とを、同程度のものと考へる向きもあるが、前者は本所や深川等の下町だけに被害を生じた局發性激震で、兩者の規模には非常な懸隔がある。

【地變】關東大地震によつて生じた地變もまた甚大である。陸地測量部測定によると、靜岡縣伊東町以北の伊豆半島東海岸、相模灣沿岸、三浦半島、房總半島等は全部この地震のために隆起し、これに反して東京府下伊豆諸島及び伊東以南の伊豆半島は沈降した。しかも相模灣の海底は根府川から房總半島南端を結ぶ線を境として、北東部は隆起し南西部は沈降してゐる。これ等の他、山崩や土地の龜裂等は殆ど枚擧に遑がない。（國富）

【横濱方面の慘禍】震源に近かつた關係上、地震の巨足の第一歩を投じたのは實に湘南の地であつた。從つてその慘禍は實に一府六縣中首位にある。大震の突如として襲來するや天柱を碎き、地軸を撼がし、劫火を前驅とし海嘯を後驅として六十有餘年の歳月をもつて築きあげた光輝ある文明の關門横濱市を一瞬にして地獄の街衢と化した。しかも地震と共に倒潰した家屋は街衢を擁塞し、下に死者無數、傷者は鮮血に塗れて呻吟し、右往左往に逃げ惑ふ民衆の叫喚四方に起る中に、黄煙三方に騰り、折からの強風に煽られて全市は忽ち黒煙に包まれ、午後三時に至つて延燒區域愈ゝ擴大して猛火天に冲し、揮發物貯藏庫の揮發物爆發物等、巨彈を放つがやうに時々空中に炸裂して悽愴の氣漲り、避難者の群は一大戰禍に直面したに異ならず、或は逃げ後れて燒かれ、或は河中に遁れんとして重油の浮游物海火のために燒かれた。重油の猛火はまた船舶を追ひ燒き、ために燒死するもの遁れんとして溺死するもの幾千とも知れなかつた。顧れば全市は火海と化し、重油は火焔と化して波上を漂流し、交通竝に通信機關全滅したので、無電を利用するより途なきを知り、縣當局は一汽艇に泳ぎ著き、これによつて港内碇泊の汽船コレヤ丸に搭乘し、同船の無線電信により、内務大臣竝に警視總監に對して救援方の申報をなすため、船橋無線電信局へ向けて發信したが、受信所から東京に送電の途なき旨の回答に接したので、やむなくコレヤ丸の無電を以て、大阪兵庫等の各府縣知事、横須賀鎭守府竝に大阪朝日、大阪毎日の兩新聞社に對して「本日正午大地震起り、引續き大火災となり、全市殆ど火の海と化し、死傷何萬なるやを知らず、交通、通信機關不通、水、糧食なし、至急救濟を請ふ」と急報して救援を請うたが、いづくんぞ知らん、當時神奈川縣下は、横須賀、小田原、秦野、厚木、鎌倉等また震災と共に起つた劫火に燒かれ、のみならず鎌倉、熱海線沿岸及び三浦半島にあつては更に海嘯の災厄を被るに至つて、慘狀を極めてをつたのである。

【東京市の慘禍】東京に於ける震動は、横濱鎌倉に次ぐものであつたが、地震に次ぐ出火

平凡社の『大百科事典』の「関東大震災」の項

まだ時折大きな余震があったりして何処でも仕事どころではなかった。私は強引に金銭づくで、仕事場一杯に引っくり返った活字を整頓させ、遮二無二煽って、四日で組みあげさせた。それを印刷所へ、更に製本所へと獅子奮迅、ついに九月二十一日に本にした。（中略）何れも菊判八十頁ほどの薄いものだが、震災後の出版としては、おそらくこれが最初であろう。この本は予期したように売れて呼潮をびっくりさせた。日比谷のお堀端などにずらりと座って、ものを売っていた人々まで仕入れに来て、福島館（下宿屋―引用者注）の玄関口は時ならぬ賑わいを呈したものだった。

誠文堂新光社の小川菊松も同じ頃に同種の本を出していたことを『出版興亡五十年』の中で語っている。小川は機を見るに敏な人物で、戦後すぐに『日米会話手帖』を刊行し、三百六十万部という空前のベストセラーならしめている。

印刷所も製本屋も大混乱の中を東馳西奔して、逸早く、「大震大火の東京」（二百六十頁）を発行したが、これは実に震災後他社に先んじて、第一の先端を切った出版物であり、それの新聞広告も、これ又東京における、災後出版広告の嚆矢となった（後略）。

そしてこの『大震大火の東京』は九月中に二万八千部を売り尽くしたが、講談社が『大正大震災大火災』刊行の広告をうったので、増刷を中止したとも書いている。その後小川は同書をベースにし、地震から立ち直った会社の一周年を記念して、千ページに及ぶ『関東大震大火全史』を刊行したようであるし、他者からもいくつもの同種の本が出されていると思われる。だが私は講談社の『大正大震災大火災』しか入手していない。やはり発行部数が多かったためであろう。

『講談社の歩んだ五十年』によれば、初版は三十万部で、さらに重版を重ね、東京の出版業界の健在ぶりを示したという。同書では『大正大震災大火災』について多くの関係者の談話を挿入し、異例なことに五十ページにわたって言及している。それは講談社がこの巨大な部数の発行で、大正十四年創刊の『キング』の大量の流通と販売促進の方法を学んだことを示唆しているのではないだろうか。

さて奥付に大正十二年十月一日発行とある『大正大震災大火災』の菊判三百ページの表紙は横山大観の筆からなり、倒壊し、真っ赤に炎上している建物を描き、画家にとっても凶々しい悪夢であったようなイメージが伝わってくる。それゆえに関東大震災は表紙を始めとして、地図、写真によってビジュアル化され、全国へと伝播されていったことになる。それに加えてリアルタイムであるだけに『大百科事典』の記述よりもはるかに生々しく、無署名であるが、その「自序」は収録されている「永久に記念すべき惨状を物語る写真」に呼応した文章になっている。

突如として大地が震動した。家屋は瓦落々々崩壊した。火災は渦巻いて起つた。烈風は猛火を煽りたてた。炎々たる紅蓮の炎は市街より市街へと飛んで、全部さながら火の海と化し了つた。逃げまどふ無数の民衆、叫喚、雑踏、大混乱、傷つけるもの、死するもの、親を求むる子、子を呼ぶ親、この世ながらの焦熱地獄は展開せられてゆく。火の滅せざること三昼夜。流言蜚語は盛んにおこつた。人心恟々として定まらず噫これ実に大正十二年九月一日東京大震災当時の状況であつた。

大震と大火！　真に筆舌を絶する大惨害であつた。明治維新より半世紀以上の歳月を重ねて築き上げたる東洋第一の大都市は一転瞬の間に、その荘麗なる姿を没して今や惨ましき残骸を荒野に横たへつつある。

そして八十ページにわたる写真が続いている。大亀裂に見舞われた横浜の道路、炎上する警視庁、猛火に追われて逃げまどう市民たち、焦土となり、残骸をさらしている神田と上野広小路、須田町と日本橋通り、八丁堀と銀座通り、鎌倉八幡宮の倒壊、燃え続ける日比谷、焼けた大蔵省と中央電話局、三越と白木屋と丸善、歌舞伎座と新富座、廃墟の光景が延々と続く。あたかも世界の終わりを示しているかのようだ。

「大火災記」によれば、地震の発生がほぼ正午であったために、その直後に七十六ヵ所から猛火が上がり、神田、京橋、本所、深川、浅草、下谷は殆ど全焼し、本郷、麴町、赤坂、芝は半焼し、帝都の半ばが焼け野原になったとされ、具体的な発火場所、焼失した主な建物を挙げ、罹災者は百三十五万人に及ぶと書かれている。

また「地方の惨状」は地震の被害が東京だけでなく、横浜、横須賀、鎌倉、藤沢、平塚、小田原、熱海、箱根、千葉県にまで及んでいることを伝え、特に横浜は震源地が近いために港も崩壊し、死傷者も人口の半分にのぼると記している。確かに収録された地図は地震の広範囲な拡がりを如実に示している。

その他の記事も生々しいが、最も悲惨で、痛ましいのは「災害翌日の大東京」というサブタイトルが付された「死灰の都をめぐる」であろう。これも無署名だが、近代日本が初めて目撃した大量死の風景の報告書となっている。そしてその後の日本社会にデモーニッシュな陰影を与えたように思われる。報告者は東京駅前から始め、日本橋を経て両国に向かい、本所、深川を通り、銀座、築地へと至る。その過程で見た光景が映し出される。「煤けた顔、真ツ黒の手や足、眼ばかりギヨロリとして、唯一夜にして、いくつかの齢を重ねたかとさへ思はるゝ人々」の群れがいる。内外ビルには死体がぶら下がり、三百余名が下敷きになっていて、駅の構内には嬰児の死体が転がっている。死体の風景があるばかりだ。

鉄筋コンクリートの公衆便所は、真黒の死骸でうづめられているではないか。猛火に追われた人達は、苦しまぎれに便所にはひつどひ、そのまゝ蒸され死に死んだのであつた。

三越の表玄関、焼け崩れた獅子の彫刻の前に、無惨な男の死体が二つ、それが皮切りで沿道至る所、半ば骨になつたのや、足ばかりのや、数え切れない死体が、しひて眼をふさがぬ限り目にはいる。

路上にはごろごろ無数の死体がころがつていて、うつかり自動車を進むれば、死体がわだちの下に砕けるではないか。

広い隅田の流れは、浮きつ沈みつ流れ行く死体無数（後略）。

池を見れば、鯉や鰻が浮き上つて居る。更に頭だけ浮いて居る死体が数え切れぬ（後略）。

これが人間であらうか？（中略）大量の鮪か鰤でもあるやうに、重なり合つた此の死体（後略）。

報告者は「これが地獄でなくて、地獄は何処にあらう」と呟き、「ああ、死灰の都の秋の夕暮れよ」と書きつけている。「地獄の季節」だと言っているのだ。

関東大震災によってもたらされた突然の死、意味づけられない死、しかも大量死の光景は後の日本社会にどのような影響を及ぼしたのだろうか。もちろん昭和恐慌は関東大震災の帰結であるが、その後にやってくるエロ・グロ・ナンセンスの時代、日本社会の軍国主義化、ファシズムに至る過程もこのような光景と無縁でないように思える。この『大正大震災大火災』の生々しさは意図せずして、そのことを伝えているような気がする。

もしそうであるとすれば、戦後社会も大量死をもたらした阪神大震災、その危険性もあった地下鉄サリン事件を経験している。この二つの事件はその後の日本社会を深いところで変容させてしまったのかもしれない。

なお最初に掲げた与謝野晶子の短歌は『大正大震災大火災』所収の「天変動く」十首のうちの一首である。

11　大佛次郎と『苦楽』

古本屋の均一台に一冊の薄い雑誌が転がっていた。『苦楽』というタイトルで、昭和二十三年の新年号だった。確か大阪のプラトン社が発行していた雑誌が『苦楽』のはずだと思い、手に取ってみると、苦楽社発行とあり、紛れもなく戦後の雑誌だとわかった。プラトン社については小野高裕他の『モダニズム出版社の光芒』（淡交社）が詳しい。

戦後すぐの雑誌にしては華やかで、表紙は鏑木清方のお屠蘇を運ぶ正月姿の少女像の多色刷りであり、新年号らしかった。八十ページほどの薄い雑誌をめくってみた。すると巻頭には名作絵物語として永井荷風の「腕くらべ」が山下新太郎の絵入りで登場し、続けて鏑木清方や山下新太郎の情緒のある日本画とうって代わり、十五ページにわたって「憧れの碧流璃海岸《コート・ダジュール》へ」特集が組まれていた。南仏らしい明るい色彩の洋画が大きくページを占め、ニースを佐藤敬や東郷青児、マルセーユを荻須高徳、カンヌを中西利雄や猪熊弦一郎、モンテカルロを野口弥太郎がそれぞれ描き、また思い出のこもった文章を寄せていた。

それから小説となり、宇野浩二「司馬好漢」、正宗白鳥「結婚と葬式」、佐藤春夫「歩上異象」、白井喬二「毒の園」、大佛次郎「鞍馬天狗新東京絵図」の五作が掲載されていた。

このような日本画と洋画の対照的な組み合わせ、それに加えて所謂大家たちの作品ばかりの掲載はかなり奇妙な印象、つまりちぐはぐな思いを抱かせた。またこれだけの執筆人を揃えるからには力量のある編集者がいることを感じさせた。そして奥付のページに「編輯後記」が置かれ、明らかに敗戦と占領下にある日本を意識した文章がつづられていた。

『苦楽』昭和23年1月号

神戸の古本屋で明治初年に日本にいたフランス人ビゴオの漫画集やエッチングを八冊も揃えて買ふことが出来ました。（中略）ビゴオの世界では、ちよん髷の旧弊人も、開化振りの新しがりの洋服紳士も同じやうに、哀れに寒々としていますが、これが現代の我々の姿だと見えないやうでしたら、日本はこの先も少しも変り栄えしないことです。いやだなあ、と思ふことから、いやでない日本を作るやうに努力しませう。希望はございます。「苦楽」の新年も、身を入れて働くことから初めます。甚だ平凡なことですが一番、確かな道だと思ひます。

この末尾に坐雨盧という署名があった。編集人は須貝正義、発行人は山口新吉となっていて、坐雨盧がこの二人の人物と異なるのは明らかだった。

その後しばらくこの雑誌のことは忘れていたのだが、大佛次郎の『赤穂浪士』の初版本を入手し、書く必要が生じたために、大佛次郎関係の本を読んでいると、まず『大佛次郎』（新潮日本文学アルバム）に『苦楽』の写真があるのを見つけ、大佛次郎が関係していた事実を知った。彼と鎌倉文庫とのかかわりは承知していたが、雑誌の編集に入れこんでいたとは意外であった。『苦楽』は昭和二十一年十一月に創刊され、二十四年九月に終刊となっていた。そして短命に終わった雑誌にしては出版史でも言及がなされ、宮守正雄の「雑誌『苦楽』の盛衰記」（『ひとつの出版・文化界史話』所収、中央大学出版部）などがあり、また編集人の須貝正義による『大佛次郎と「苦楽」の時代』（虹書房）が刊行されていたのである。そして坐雨盧が他ならぬ大佛次郎だと知るに至った。

これらの資料や福島行一の評伝『大佛次郎』などを参照し、彼と『苦楽』の関係を追跡してみよう。ちなみに宮守正雄によれば、『苦楽』のカラーに対して、「裃を着てシャンソンを唄わせるようなもの」という悪口が言われたらしい。このエピソードは同時代にもちぐはぐな感じを覚えた人たちが多かったことを示しているし、まさに『苦楽』の性格をついているようにも思う。

『苦楽』の創刊に至る経緯は敗戦直後の出版によくある話から始まっている。創刊事情は様々に推測されているが、何よりも昭和二十年九月に久米正雄や川端康成を始めとする鎌倉文士たちによって設立された鎌倉文庫の出版活動に刺激を受けたからであろう。鎌倉文庫は貸本屋から始めて出版活動にも進出し、単行本だけでなく、雑誌『人間』なども発行していた。だが大佛次郎は設立委員であったが、ただの監査役で実際の企画編集の仕事は久米や川端によって運営されていた。だから閑職の立場にいた大佛次郎が自分の手で本や雑誌を刊行したいと思ったことは想像に難くない。

そしてこれも鎌倉書房と同様なのだが、スポンサーとして用紙を大量に保有する横浜の印刷会社の文寿堂がつき、山口新吉が派遣され、発行人となった。編集者として他社にいた須貝正義を大佛がスカウトし、編集人にすえた。そしてこれは福島行一の『大佛次郎』を読んで初めてわかるのだが、大佛の「身辺から生涯離れないで、水戸黄門の助さん格さん役」にあたる田中延二と渾大防五郎が参画している。二人は大正十五年に渾大防書房を設立し、大佛の『照る日くもる日』を刊行したこともあり、それぞれ営業部長、顧問の地位についた。そして田中が早くから使者に立ち、プラトン社のこれまたスポンサーであった大阪の中山太陽堂から『苦楽』の誌名と題号の装飾体の使用許可をゆずり受けていた。

まずこのような見取り図を確認しておかないと、『苦楽』の内部事情とその後の経緯がうまくつかめないと思う。つまり印刷会社、大佛次郎とその身内同然の人たち、スカウトされた編集者たちという構図で、かつて直木三十五や川口松太郎によって編集されていた『苦楽』の戦後版がスタートしたことになる。そして彼らと連名で大佛次郎が昭和二十一年九月付で、新生『苦楽』発行の挨拶状を送った。須貝正義の『大佛次郎と「苦楽」の時代』から引用する。

「苦楽」は苦楽を共にしたい私どもの友情と同志的な提携に基いて出発致します。（中略）これは、もとのプラトン社の「苦楽」の仕事に敬意を表しながら、全然新しく固苦しい文学のお化けに取り憑かれないで、社会人に通じる文学の扉をひらいて見たいと思ひたつたからです。「苦楽」は文学に媚びないと同時に、大衆に媚びません。誠実に書いた作品がすら平易に人の心に通じ、多少なり現代の生活を明るくしてくれるやうに成れば、私どもの心持の一端が仕事に現はれ得たのだと悦び度いと存じます。（中略）誠実な意志だけを私どもは杖に致します。（後略）

そして創刊号が出された。発行部数は十三万部でたちまち売り切れてしまい、昭和二十二年に入ると、十五万部まで伸びたという。さらに単行本の出版も始め、やはり大佛の企画で里見弴の『宮本陽子』、厨川白村、大田黒元雄、安藤鶴夫などの著書を出し、「鞍馬天狗」シリーズ十五巻などの自著も刊行し、こちらは苦楽社のドル箱でもあった。

しかしアメリカ人バイヤーにだまされて製作した『苦楽・海外版』による損失、苦楽社の株をめぐっての文寿堂との内紛と決裂、田中延二たちと編集部の確執、新雑誌『天馬』の創刊の返品率九割という大失敗が重なり、文寿堂は苦楽社から完全に手を引いてしまい、そこに出版不況が追い討ちをかけた。須貝正義がその事実を記している。

昭和二十三年から二十四年にかけて、出版界では、用紙難と売れ行き不振による金詰りが原因で、雑誌の休、廃刊が続出した。苦楽社も、御多分に漏れず、返本の多いのに閉口した。返本をゾッキ本に出すと、一時的に金にはなるが、それが噂になると、新しい本誌が全く売れなくなる。結局、表紙を破いて、本としての体裁をなくして、廃品回収業者へ売ることになる。「苦楽」では、編集部はもちろん、営業部も総出で、屋上の空地で、山と積まれた返本を、一つ一つ破っていく。この作業は編集者として最もコタエル。自らの無能を嘲笑われているようで、うらぶれた気分になる。不況に喘ぐ出版界の一風景であった。

それから半世紀以上が過ぎても事態は何も変わらず、現在の「不況に喘ぐ出版界」でも目に見えないところで膨大な断裁が行なわれているのだ。それに大佛次郎が『苦楽』に寄せた戦前の理念や誠意がもはや通じる時代ではなくなりつつあった。大佛は『苦楽』に反アメリカニズムを投影させていたが、戦後の社会はアメリカニズムに覆われ、社会の欲望はそこに向かっていた。雑誌は大衆の欲望をくみ取り、それに寄り添って初めて成立するのであり、その事実の前で出版の理念や誠意は敗北するしかなかった。大宅壮一ですら失敗したのであるから、大佛次郎が成功するはずもなかったのだ。

しかし五十年近くの歳月が流れているにもかかわらず、須貝正義をして大佛次郎と『苦楽』の回想を書かしめた思いは何であったのだろうか。「跋」に苦楽社時代の思い出を語ってくれた十数名の社員たちの名前が挙げられているが、そのうちの十名は『苦楽』の二十三年新年号の奥付ページの須貝正義の筆になると思われる「社中いろ鉛筆」に登場している。健在なのにも驚くが、人数も異例であり、彼ら彼女たちにとって、輝かしかった『苦楽』の時代がまだ記憶に残っていたのだろう。それから考えると、敗戦直後の一時期は多くの出版社が敗退したとはいえ、出版が輝いていた時代であったと思い知らされる。

12 『文藝春秋』臨時増刊「アメリカから得たもの・失つたもの」と中村光夫の「占領下の文学」

昭和二十七年四月二十八日に、前年にサンフランシスコで調印された対日講和条約、日米安全保障条約が発効し、GHQは廃止になり、日本は敗戦に続く占領から表面的には解放された。「アメリカから得たもの・失つたもの」と題された『文藝春秋』臨時増刊の発行は同年六月五日であり、占領の終わりを記念する特集号といった色彩に覆われている。私はその前年に生まれている。だから私もまた占領下で生まれた子供《オキュパイド・ジャパン・ベイビーズ》たちのひとりなのだ。巻頭に「編集者のことば」がある。おそらくこの時にしか発せられなかったジャーナリズムの言葉であろう。

　長かつた七年間の被占領状態を終へて、茲に天日晴れて独立の日を迎へ、私たちの感慨は深い。よきにつけ、悪しきにつけ、アメリカが日本に及ぼした影響を再検討することは、今日の日本にとつて喫緊時に属する。アメリカが日本に与へた最大の贈り物である「言論の自由」は、特にこの特輯に於て意義深いものがある。

　八月十五日の新聞に現れた混乱から、政治経済文化、その他国民生活の隅々まで及ぼされ

『文藝春秋』昭和27年6月臨時増刊

た、歴史的と云つてよい七年間の変化と推移の資料を、私たちは忠実に読者の前に提供したつもりである。

此の増刊の意図は、終極に於て、アメリカの善き意志を信じ、両国間の友情を対等の基盤の上に打ち樹て、確かめ合ふということに存るのである。

長かった占領からの解放、独立の感慨、さらなる「言論の自由」、これらの思いはこの編集者だけでなく、日本人の誰もが秘めていたものであろう。だが後半の言葉にあるように、ナイーブにも「アメリカの善き意志」と「両国間の友情」を明言していることもあり、残念ながら特集にはアメリカと占領についての核心に迫る記事がなく、どちらかといえば、記事のほとんどがアメリカ占領下にあった戦後七年間の日本の社会レポートにとどまっている。「アメリカから得たもの・失つたもの」という表題は、十五人の実業家、文化人などのコメントから構成されたわずか十ページで、それこそ羊頭狗肉の感がある。

記事についても同様であり、例えば東畑精一の「農地改革、そのあとさき」を見てみよう。東畑は農業経済学の専門家とされているが、占領の三大政策のひとつである農地改革を明確に分析しておらず、現象的経過とデータを並べているにすぎない。どうも農地改革も含めて占領政策の全体像をつかんでいないように思われる。
農地改革の目的は地主制度を解体し、独立農民を創設し、民主主義のバックボーンを形成することだと書いているが、果たして本気で信じていたのであろうか。東畑自身が挙げている数字からしても、昭和二十四年の耕地総面積は四九五八千町に対して、農家個数は六二四七千戸であるから、単純に農家個数で耕地総面積を割ると、一戸当たり一町歩、つまり一ヘクタールにもならない。当時の農業生産力を考えてみても、日本においてこの耕地面積でアメリカの大規模耕作をモデルとするような独立農民の創設は明らかに不可能なのである。東畑は様々な農地改革のプロセス、その分析を述べた後で、最後に次のように吐露している。

斯やうに考へて来ると農地改革の効果はそれ自身について判定され難い問題が多い。一つは日本の工業化が進んで雇傭を農民に向かつてひらくことが強くなり、他方において国際競争の圧力が加はつて、始めて其の所期の効果を発するものの如くである。

つまり独立農民の創設という農地改革のスローガンは真偽が疑わしく、いずれ工業社会になれば、農民は工場に働きに行くようになり、また農産物の国際価格競争に巻きこまれれば、日本の農業の成立は困難になると思わず告白しているように読める。すでに高度成長期も近づきつつあった。すなわち農民が工場に働きに行く兼業農家の時代が始まろうとしていた。

そこで東畑精一は終わっているから、私が彼に代わって、占領軍による農地改革の本当の目的は何であったのかを語ることにしよう。

これは別のところでも書いたことがあるのだが、重要な事実なので繰り返すことを許してほしい。私はいつも経済学者の佐貫利雄の『成長する都市衰退する都市』（時事通信社）を手元に置き、参照している。この本は膨大なデータベースを駆使して、都市や産業の長期的推移を実証した名著であり、そこに収録された多くの図表は戦後の日本社会の変貌が何であったのかをリアルに伝えている。その図表のひとつである日本とアメリカの一八六〇年から一九八〇年にかけての「産業の長期的変貌」を見ていたとき、一九八〇年代の日本の産業構造がアメリカの一九五〇年代の産業構造とまったく同じであることに気づき、私は本当に驚きを禁じ得なかった。その一九八〇年代の産業就業者比率とは次のようなものである。

第一次産業	一〇・九％
第二次産業	三三・七％
第三次産業	五五・四％

占領下の一九五〇年に日本の第一次産業就業者比率は四八・三％であったことからすると、日

本はわずか三十年の間に第一次産業を主体とする農耕社会から第三次産業を中心とした消費社会へと変貌したことになる。これは欧米諸国と比較して異常なスピードであり、占領が終わってから始まった高度成長期が何であったかを告げている。その果てに八〇年代の日本は五〇年代のアメリカとまったく同じ産業構造になったのだ。その時代にアメリカはすでに郊外消費社会を完成させていた。

そしてようやく太平洋戦争とアメリカによる占領、及び農地改革の意味が明らかになる。太平洋戦争とはアメリカという消費社会と日本という農耕社会の戦いであり、農耕社会は消費社会に敗北し、占領されたのだ。それゆえに敗北した日本が八〇年代に占領時代のアメリカと同様の産業構造になり、消費社会と化した時、真の意味での占領が完成したのである。したがって戦後の日本社会は五〇年代のアメリカ生活様式を模倣することによって変貌を始め、八〇年代に入って日本の風景はアメリカ的消費社会のようになってしまった。私たちはその風景を八〇年代に成立した均一的な郊外消費社会に見ることができる。それまで田や畑であったところにロードサイドビジネスの店舗が立ち並ぶことになり、日本全国が同じ風景に覆われてしまった。

だからこそ独立農民の創設などという農地改革のスローガンはまったくの偽りだったのだ。来るべき消費社会のための布石であり、郊外消費社会化を促進させようとするアメリカの見えざる意図だった。郊外消費社会を象徴するファストフード店もファミレスもコンビニもすべてアメリカからやってきたのである。さらに農耕社会を駆逐すれば、それに基づく天皇制も解体され、有名無実化することまで農地改革の射程に含まれていたかもしれない。
この『文藝春秋』臨時増刊が刊行された頃、様々な雑誌で同じような特集が組まれたと推測できる。これから取り上げる中村光夫の「占領下の文学」（『文学の回帰』所収、筑摩書房）も同時期の昭和二十七年六月の『文学』の「戦後文学」特集に掲載されている。中村は言っている。

これまで漠然と戦後文学と云われて来たものは、むしろ米軍占領時代の文学と呼ぶべきで、そう呼ぶことで、いろいろな性格がはっきりすると思います。

そしてまた戦後の文学は、アメリカの占領政策から生まれたもので、「全体としては占領政策のひとつの現われ」だと見ている。それに加えて敗戦の時点で、書店の棚には文芸書が何もなく、日本人は活字や文学や書物に飢えていたこともあり、それが戦後文学の隆盛と老大家の復活として現われた。だがこの急場の需要に応じるために生産されたのはどちらにしても古い文学の再生品で、飢えていた読者もそのことを気にしていなかったと指摘し、新しい文学の可能性が生まれていたとしても、それは今後の問題であろうとも中村は言っている。まだ現実的に農地改革や女性の参政権などの影響は文学に現われていないからだ。そして次のように書いている。

敗戦によって我国の社会が経た変革が、かりに真の意味で人間観の更新を伴う革命であったとしても、それが文学の形をとるためには、一九四〇年代の後半に生まれた子供たちが少なくとも二十歳になるまで待たねばならぬ筈です。

つまり中村光夫はここで占領下に生まれた子供たちが文学シーンに登場するまで、敗戦と占領の影響は明らかにならないと断言しているのであり、それが「真の意味」の「戦後文学」だと言っているかのようだ。私の解釈で言えば、その時から現代文学が始まるのだ。

昭和五十一年に村上龍が『限りなく透明に近いブルー』(講談社文庫)でデビューし、それを明らかにする。舞台としての基地のある郊外は占領下の再現のように映り、アメリカがもたらした様々な改革に始まるシステムが日本を呪縛し、現在に至るまでのアメリカの占領を露出させている。高度資本主義消費社会のかたわらには常に基地がある。占領下で生まれた子供たちではない作家たちの作品も占領の記憶と基地の存在を背景にしている。田中康夫の『なんとなく、クリスタル』(河出文庫)、島田雅彦の『亡命旅行者は叫び呟く』(福武文庫)、山田詠美の『ベッドタイムアイズ』(河出文庫)。

ジョン・ダワーは『敗北を抱きしめて』(岩波書店)で、敗戦から始まる占領時代を描き、「日本人は『敗北を抱きしめ』たのだ」と書いている。この傲慢な勝者の言説に対して、『文藝春秋』臨時増刊も中村光夫も戦後文学も少なくとも「敗北を抱きしめて」などいないことだけは明言しておこう。だが農地改革によって出現した郊外消費社会で生まれた子供たちが成人する時代になっている。この消費社会の落とし子たちにとって敗戦と占領はもはや別の世界の物語と化しているように思える。

それこそが真の占領の目的だったのだ。なぜならば、彼らの親たちは団塊の世代などではない。もう一度言おう。彼らの親たちこそは占領改革で成長したオキュパイド・ジャパン・ベイビーズだからだ。

13 「倶楽部雑誌」について

倶楽部雑誌という言葉はもはや死語に近いと思われる。この言葉は明治四十四年に講談社が創刊した『講談倶楽部』に端を発している。この雑誌は講談社にとって『雄弁』に続く創刊であり、戦前の大日本雄弁会講談社の社名は双方のタイトルに由来している。

当初『講談倶楽部』は講談や落語や浪花節が中心だったが、講談師たちが浪花節の掲載に異を唱え、講談社がそれを拒んだことで、講談速記が獲得できなくなり、大正二年から誌面が変わり、作家や伝記作者たちによる新講談、つまり大衆小説の走りが登場することになった。

そして講談社は続けて『少年倶楽部』『面白倶楽部』『婦人倶楽部』『少女倶楽部』を創刊し、博文館の『文芸倶楽部』といった文学雑誌と異なる読物雑誌の分野を確立させた。さらに昭和初期円本時代の平凡社の『現代大衆文学全集』の成功が加わり、大衆小説の領域が拡がり、多くの読物雑誌が各出版社から刊行されるようになる。それらは『風俗雑誌』『大衆倶楽部』『娯楽雑誌』『大衆文芸』『読物倶楽部』などである。

だが戦前、戦後を通じて倶楽部雑誌の研究はなされておらず、その詳細はわかっていない。た

『読切傑作集』昭和34年1月号

『読切雑誌』昭和29年2月号

だ『講談倶楽部』だけは編集者の岡田貞三郎述、真鍋元之編『大衆文学夜話』（青蛙房）が残され、巻末に「主要作家作品総目録」があり、その内容をうかがうことができる。

戦後になって倶楽部雑誌は復活し、『読物と講談』『実話と講談』『小説の泉』『読物小説』『傑作倶楽部』『小説倶楽部』などが時代小説を中心にして相次いで創刊され、活発な売れ行きを示した。しかしこれらの雑誌も各文学事典で立項されておらず、その内容はよくわかっていない。

それに戦後の風俗小説、及び純文学と大衆文学の中間を意味する中間小説の隆盛、新しい読物雑誌ともいうべき『小説新潮』『オール読物』『小説現代』の台頭や創刊もあり、倶楽部雑誌は新しい読者を得られず、『講談倶楽部』が昭和三十七年に廃刊になったように、次第に姿を消していったと思われる。ちなみに『小説現代』は昭和三十八年に創刊されている。

倶楽部雑誌は講談などの内容で始まり、また版元がひたすら部数を追求する戦前の講談社であり、参入した出版社も赤本屋系が多かったらしく、私が倶楽部雑誌という名称を知った時、そこにはマイナーな響きがこもっていた。確かあの作家は倶楽部雑誌上がりだというような文脈で使われていた。実際に作家ばかりでなく、ほとんどの倶楽部雑誌の出版社も編集者もマイナーな存在で、出版業界や文学の世界の底辺を形成していたようだ。

色川武大は倶楽部雑誌の編集者を経験し、それを短篇「したいことはできなくて」(『怪しい来客簿』所収、話の特集)で描いている。ほぼ実話であろう。井上英雄《ふさお》なる無名の人物への言及がまずあり、次のように書き出されている。

> 昭和二十六年から三十年初頭までの数年間、私は小出版社を転々として娯楽雑誌の編集という業務についていた。私は不良少年あがりで中学もろくすっぽ出ておらず、その後もヒッピーの元祖みたいな生き方をしており、履歴としては最低であった。
>
> たとえどんな雑誌であろうと自分が編集者の末席に加えてもらえたのが、奇蹟に思えた。

「娯楽雑誌」は倶楽部雑誌と考えてよく、それを発行するのが小出版社で、編集者としても正規の学歴を問われない世界であることが語られている。同じく『怪しい来客簿』に収録の「尻の穴から槍が」によれば、新聞広告で見つけたことになっている。しかしこの世界は個人商店的な小出版社が多く、編集者の地位も不安定で、若くして編集長にもなれるが、消耗品扱いされ、何の保証もなく、「これほど悲劇的な職業はあるまいという感」を強くするところだった。それでも「私自身がその一人だった」と言い、「履歴の劣等意識のために、自分の生き方を自由に選択する権利をもてないでいる人々」にとって、「当時の編集者という職種は砂漠のオアシスのように見えたと思う」と色川武大は書いている。

そして「その職業を何にもかえがたく愛していた」上司の井上さんのことが語られていく。彼は大正末年生まれで、平凡社の少年社員だったらしい。戦後出版社を転々とし、いくつかの倶楽部雑誌の編集長を務め、後輩編集者や若手作家たちにも尽くしながら、色川たちのように物書きにも転向できず、膵臓癌で不運のままに亡くなってしまう。おそらく色川は井上さんに自分の分身を見ていたのであろう。それは次のような文章に表われている。

しかし、気質的には完全に文学青年だったと思う。文学の造詣は必ずしも深くなかったが、明瞭にならない何かが語りたい筈であった。出口なしとさとりながら出版関係から足を洗えなかったのもその執着ゆえと思われる。

ここに戦後の倶楽部雑誌に場を求めるしかなかった正規の学歴を持たない編集者や作家の思い

がこめられているように思う。色川武大の死後、倶楽部雑誌に書いた時代小説が発見され、阿佐田哲也名義で二冊刊行されているので、彼も双方を兼ねていたのだ。それは阿佐田哲也の麻雀小説というコンセプトも倶楽部雑誌の経験なくして生まれなかったかもしれない。

藤沢周平も最初は倶楽部雑誌の作家であったことが、最近になって判明し、その作品十四篇が『藤沢周平未刊行初期短篇』（文藝春秋）としてまとめられ、刊行された。一作は異なるが、他の十三篇は時代小説で、それらは昭和三十七年から三十九年にかけて、『読切劇場』『忍者読切小説』『忍者小説集』に発表されている。この三誌はやはり赤本屋の流れをくむ実用書の高橋書店から刊行されていて、色川武大が記した紛れもない倶楽部雑誌編集の世界の産物である。

藤沢周平は昭和四十六年に『オール読物』新人賞、四十八年に直木賞を受賞することになるのだが、これらは彼の習作群と見なしていいだろう。当時の藤沢は業界紙の記者でもあり、誰かの紹介でそれこそ「井上さん」のような編集者とつながり、それで掲載されたのではないだろうか。昭和三十八年には九作も発表しているし、編集者の励ましと介在がなければ、考えられない多作であるからだ。そしてまた助走段階の習作とはいえ、すでに藤沢特有の風景描写が物語を彩っている。「木曽の旅行」から拾ってみる。

東西からはさんだ谷間の町を圧しつぶすように、山は樹の色の暗さを加えていたが、空にはまだ明るい光があった。ぽつりと浮かんだ孤独な雲には、さきほど、ひと時空を火のように焼いた夕焼の名残りが薄紅く留まっている。山国の日没の時は短い。そして日が暮れると、秋を思わせるように、肌に迫る涼しさが押しよせてくるのである。

後述するが、倶楽部雑誌にこのような風景描写はほとんど見られない。そうした意味で、藤沢の作品は倶楽部雑誌の中でも異彩を放ち、それゆえに編集者も矢継ぎ早に次の作品をと要請したのであろう。おそらく倶楽部雑誌を助走の場にしたのは藤沢や色川だけでなく、他にも多くの作家がいると考えられる。だがそのことも含めて、倶楽部雑誌の全貌は明らかになっていない。

数年前に古本屋で、倶楽部雑誌を四冊買った。それらは昭和三十一年の『面白倶楽部』(光文社)二冊、二十九年の『読切雑誌』(読切雑誌社)、三十五年の『読切傑作集』(双葉社)だった。いずれも黄色の背表紙で、泥臭く、まったく垢抜けていない。

光文社は講談社の子会社であるから、その関係で『面白倶楽部』を引き継いで発行し、そこには山手樹一郎、柴田錬三郎、源氏鶏太などの作家の名前がある。『読切雑誌』は実用書の池田書店の広告が巻末に大きく入っているので、実用書の出版社が倶楽部雑誌をかなり刊行していたのだろう。貸本屋も市場だったと推測できる。『読切傑作集』の双葉社も社史が不在なためにその前史がよくわからないのだが、後に阿佐田哲也が麻雀小説を発表する『週刊大衆』の版元であるゆえに、編集者時代に何らかのつながりがあり、そのことによって実現したと思われる。だからここでは色川武大=阿佐田哲也が書いている可能性もある『読切傑作集』を取り上げてみよう。

『読切傑作集』は昭和三十五年の新年特大号、四六判三百九十ページ、定価は九十五円である。六十年安保と同年ということになる。まず目次に示された主な作品と作家名を示す。

厚味俊太郎「色模様からくり小判」
小島健三「初婆恋慕旅」
園生義人「大江戸鉄火鳶」
伊東渓二「不精ひげ恋慕」
舟木肇「夜の部屋」
川上譲「半次郎絶命」
槁爪彦七「兄弟やくざ仁義」
長谷川薫「お七かんざし変化」
戸塚幸太郎「恋の筑波颪」
伊那哲二「大江戸の対決」
田原一郎「単車で逃げろ」

「夜の部屋」と「単車で逃げろ」を除いて、他は時代小説であるが、まったく目にしたことのない作家ばかりで、読んでみても、物語も構成も描写もほとんど同工で、藤沢周平の作品にあるような風景も描かれず、その作家の特質を抽出できない。小島健三の「初婆恋慕旅」のタイトルが表紙に掲載され、この作品が柱のようなので例に挙げると、時代状況説明、風景描写はまったくなく、登場人物の動きと会話だけで物語が進行していく。小説というよりも講談の話体で構成されているのである。そのタイトルも「初詣で賑う参道で突然襲われた小町娘大吉得意の木刀殺法！」という惹句も、物語とちがうとは言わないが、ちぐはぐな印象を受ける。つまり言葉は悪いが、マイナーな作家と編集者によって仕上げられた作品でしかない。

この一作に代表されるように、すべて総ルビ、ほとんどが時代小説で、しかも無名の作家によるマイナーな作品の集積である多くの倶楽部雑誌が衰退していったのは必然だったと思わざるをえない。

高度成長期下にあって、日本は猛烈なスピードで戦前社会から離陸し、工業社会、消費社会へと向かっていた。テレビの出現もあり、それにつれて読者の地平も急速に変わり、戦前の倶楽部雑誌の読者が姿を消し始めていたのである。だから色川武大にとって「オアシスのように見え」、また藤沢周平にしてみれば、習作を発表する場であった倶楽部雑誌はその使命を終え、退場するしかなかったのだ。

倶楽部雑誌とはその時代遅れ的な表記とタイトルゆえに、マイナーな出版活動、マイナーな文学の営みを伝えているようであり、そうした世界があったというだけで、今となっては懐かしくも思われる。だがもはや倶楽部雑誌の現物もほとんど消滅してしまい、その総目次の作成すらも困難であろうし、カストリ雑誌や貸本マンガのような研究もなされず、倶楽部雑誌は近代出版史の闇の中に埋もれてしまうだろう。

14　早川書房と『エラリイ・クイーンズ・ミステリ・マガジン』

ここまできて、ようやく私が中学生時代にリアルタイムで読んだ雑誌に触れることができる。その雑誌は現在の『ミステリマガジン』の前身である早川書房の『エラリイ・クイーンズ・ミステリ・マガジン』で、熱心に読んだのは昭和四十年前後だった。

海外ミステリに対する関心もさることながら、当時そこに澁澤龍彦の『秘密結社の手帖』が連載されていて、興味をそそられたからだ。題材の秘密結社の面白さもあるが、大人になっても、このようなことを研究し、書いている人物がいるのかという驚きも含まれていた。そしてこの画数の多い著者の名前は記憶にとどめられ、私を五年後に刊行され始めた桃源社の『澁澤龍彦集成』の読者とならしめた。

それはさておき、そのような月刊誌を買う余裕がなかったので、発売日を待ちかまえ、商店街の書店でいつも立ち読みしていた。あの時代の商店街の書店は狭かったが、休日ともなれば、客であふれていたので、とがめられずに立ち読みすることができた。そういえば、日曜日の映画館もいつも満員で、まだ商店街が輝いていた時代だったのだ。その商店街も今やなくなってしまい、高層ビルが立っている。同じ通りに老夫婦の営む古本屋があり、数年だけの店だったが、そこに『エラリイ・クイーンズ・ミステリ・マガジン』のバックナンバーが安く売られていたのを見つけた。確か二、三十円だったたと思うが、それでも数冊ずつ買い、十五冊近く入手したように記憶している。

その中に第一回コンテスト入選作として結城昌治の「寒中水泳」が収録されている号、裏表紙にレイモンド・チャンドラーの『長いお別れ』の一面広告が掲載されている号があった。それがきっかけで結城昌治やチャンドラーを読み、二人のファンになった。またハードボイルドという言葉を知った。調べてみると、いずれも昭和三十四年の号だった。その古本屋には『マンハント』も『ヒッチコック・マガジン』もあった。今考えれば、海外ミステリの愛読者がいて、何らかの事情で放出されたのだろう。

その後の記憶がないのだが、それらのバックナンバーは受験と上京のどさくさで、どうも処分したか、処分されてしまったように思う。それからも早川の「ポケット・ミステリ」の読者であり続けたが、『エラリイ・クイーンズ・ミステリマガジン』は『ミステリマガジン』と

『エラリイクイーンズ ミステリ マガジン』創刊号

改題されたこともあり、別の雑誌になってしまったようで、再び読む気になれなかった。若い読者と雑誌の旬は短かった。

ところが十数年前に行きつけの古本屋で『エラリイ・クイーンズ・ミステリ・マガジン』の創刊号から第五十八号に至る揃いに出会ったのである。つまり昭和三十二年七月号から三十六年四月号までの五十八冊であり、そのうち創刊号を含めた初期の十七冊は合本保存用ファイルに収められていた。古書価は四千円だった。丸背で抽象画の表紙はとても懐かしく、私がかつて持っていたバックナンバーも揃っていた。だから先述の二冊が昭和三十四年の号だとわかったのだ。この揃いはしばらく前から、店の天井と書棚の間の片隅に置かれていたらしい。目に触れにくい場所にあったので、他の客たちも気づかず、幸いにして私が入手することになったのかもしれない。

この古本屋で私は多くの本を買い、そして売ってもきた。小学生の頃から出入りし、四十年近くにわたり、最も長く通い続けた店だったが、売上不振、店主の病気、区画整理などが重なり、数年前に閉店することになった。そのことを店主から聞かされたので、『日本古書通信』連載の「古本屋散策」でこの店の閉店とバーゲンセールについて書いたところ、多くの客が訪れ、在庫がほとんど売り切れてしまい、予定より早く店を閉じることができたという話だった。長年の客として少しでも役立ってよかったと思った。

それと並行して付近の町並の風景が変わってしまい、もはや古本屋があった面影すらもない。町を歩き、その古本屋に入り、古本や古雑誌に出会うという長年の習慣が失われてしまったのだ。

まとまった雑誌についてはこの『エラリイ・クイーンズ・ミステリ・マガジン』が最後の出会いであったことになる。

だがそれから時を経て、あらためて『エラリイ・クイーンズ・ミステリ・マガジン』のページをくっていると、深い感慨を覚えさせられた。

早川書房とこの雑誌、そして「ポケット・ミステリ」が与えた個人的波紋に関してはすでに記したが、私のみならず戦後世代に広範な文化的影響を及ぼしたのではないだろうか。そして「ポケット・ミステリ」総体が判型と相まって、早川書房の海外ミステリによる特異な「世界文学全集」の一種として捉えられるようにも思える。比較してみても、同時代の同じシリーズである創元推理文庫よりも、早川ポケット・ミステリのインパクトのほうが圧倒的に強い。前者が内容的に劣っているとは思われないが、やはり後者は毎月の新刊とバックナンバーの宣伝が出来る『エラリイ・クイーンズ・ミステリ・マガジン』とともに歩んできたことで、その存在感を主張していたと考えられる「ポケット・ミステリ」は日本の推理小説の世界だけでなく、様々な文学の領域、映画、漫画を活性化させながら、現代に至る大叢書を築き上げてきたと言えよう。

とすれば、早川書房の戦後の文化史における貢献は多大なものがあったと推測される。例えば村上春樹にしても、その初期の世界は明らかに清水俊二訳のレイモンド・チャンドラーの影響を受けているし、日本ハードボイルド派に至っては枚挙にいとまがない。さらに早川書房は『SFマガジン』も刊行し、「SF・シリーズ」は中絶してしまったが、日本SFの揺籃の地であった。

それは早川書房が戦後のサブ・カルチャーの王国であったことを意味している。右手にミステリ、左手にSFという方針で早川清が早川書房を創業したわけではないが、時代の偶然と多くの優れた編集者たちの介在と集積で、それが実現したのである。

また戦後の出版社にもかかわらず、早川書房ほど語られている出版社はないように思う。それは早川書房がこれまた多くの作家や著者たちを輩出させ、彼らが良きにつけ悪しきにつけ、早川書房をその出発点として語っているからである。社史は出されていないが、様々な証言を手がかりにして、そのアウトラインに迫ってみよう。

まずは『エラリイ・クイーンズ・ミステリ・マガジン』から入るが、購入した全冊には触れられないので、創刊号から一年分に限定する。

その前史を簡単に述べれば、早川書房は早川清によって昭和二十年に創業、演劇雑誌『悲劇喜劇』を刊行した。そして二十八年に「ポケット・ミステリ」、三十一年に『エラリイ・クイーンズ・ミステリ・マガジン』が創刊されることになる。この創刊も意図的なものではなく、海外著作権事務所から早川書房がエラリー・クイーンを出版しているので、持ちこまれた企画であり、アメリカ版は汚い紙の雑誌だったようだ。本国版はE・Q・M・Mの略称で呼ばれ、フランス版を始めとする各国外国版が出されていた。その事情について早川書房の編集者だった宮田昇が『戦後「翻訳」風雲録』(本の雑誌社)の中で書いている。

彼（田村隆一―引用者注）は著作権料を値切り、上質の紙を使い、表紙は勝呂忠の抽象画で埋め、背綴じとした世にもしゃれた雑誌に変貌させたのであった。もちろん、値切ったのは早川清であり、装幀は福島正実が考えだし、内容は田中潤司に任せ、創刊すれすれで田中が逃げ出すと都筑道夫を代役に連れてき、造本印刷・紙は専務の桜井光雄が当たった。

さらに付け加えれば、カットはあの『詩と詩論』の北園克衛だった。宮田の「翻訳者が神々であった時代」というサブタイトルのある同書は早川書房外伝の色彩が強いので、これからもしばしば引用させてもらうことにする。とにかくこのようにして創刊号がA5判、百三十ページ余、百円の定価で送り出されたのである。目次を記すことで、創刊号の内容を示そう。

C・ディクスン、江戸川乱歩訳　「魔の森の家」
パルマー、ライス、砧一郎訳　「三人目の男」
T・ストリブリング、高山三郎訳「ジャラッキ伯爵釣りに行く」
E・クイーン、青田勝訳　「運転席」
S・エリン、田中融二訳　「パーティの夜」
J・ヤッフェ、西田政治訳　「喜歌劇殺人事件」
D・ハメット、鮎川信夫訳　「雇われ探偵」

J・コリヤ、青木雄造訳　「死者を鞭うつ勿れ」
M・イネス、大久保康雄訳　「エメラルド」

見返しにはエラリー・クイーンとE・Q・M・Mについての説明があり、各作品にはクイーンのコメントが付され、E・Sガードナーなどの日本語版創刊祝辞がある。すべてが翻訳で、クイーン以外は知名度が高くない。そして半ばほどに見開き二ページにわたって「江戸川乱歩監修全五〇〇巻既刊一五〇冊」と銘うたれた「ポケット・ミステリ」の広告が掲載されている。日本はまだ昭和三十一年であり、松本清張の『点と線』（光文社）に始まる社会派推理小説ブームも起きておらず、それこそ講談や時代小説の倶楽部雑誌が売れていた頃でもあったのだ。創刊号の実売部数はどれほどだったのであろうか。

創刊号から翌年の六月号までの一年間で、六十人近くの作家と百編ほどの作品が紹介されている。いずれも短篇であり、五作以上の掲載はクイーン、アガサ・クリスティ、コーネル・ウールリッチで、圧倒的に一作限りの作家たちが多い。したがって本国版からの選択の際に編集者の好みがかなり投影されているのだろう。この時代にスタンリー・エリン、ジェイムズ・ヤッフェ、ジョン・コリア、ロイ・ヴィカーズなどの作品を掲載したり、ロアルト・ダールに注目していることなどにそれは現われている。創刊の八月号と九月号には前述したように編集者の肉声もなかったが、「3号を重ねてこうして読者のみなさんとお話する余裕ができ」、九月号から「ぺいぱあ・ないふ」という英米の新刊案内、及び「編集ノート」が設けられるようになり、双方とも「M」のイニシャル入なので、都筑道夫が書いているとわかる。

「ぺいぱあ・ないふ」で「この欄の目的は、《昨日の》ではなく《今日の》探偵小説を読者のみなさんにお知らせしたい」と書き、まだ日本に未紹介の作家の問題作を取り上げるつもりであると記し、「編集ノート」でも次のように述べている。

本誌アメリカ版のねらいとするところは世に埋もれた傑作短編に陽の目を見せ、コンテストによつて新しい作家を送りだすことにあるのだが、日本語版の場合はいささか事情が違つてくる。日本とアメリカの探偵小説とのあいだには十五、六年のひらきがある。その溝を埋めて行くのが、まず当分の日本語版のねらいなのだ。これまでの海外探偵小説の紹介のされ方は、非常にかたよつていた。大勢もまたそのかたよつた傾向に従つて、探偵小説の新しい動向から、目をそらしてきた。少しでもそうした視野の狭さを打開することが出来れば、本望である。

ここに明確に編集の方針が打ち出され、太平洋戦争の間の空白を埋めることも踏まえ、そのような視点から作家や作品が選ばれることを伝えている。だから時期尚早と思われるほどミステリの多様多種な作品が紹介されているのだ。一例を挙げると、昭和三十二年三月号の「ぺいぱあ・

ないふ」は三年前に出たイアン・フレミングの『死ぬのは奴らだ』を紹介し、「彼の作品はすべて、国際色豊かな冒険小説で、主人公はジェイムズ・ボンドというイギリスの機密機関員です」と書き、アメリカと異なるイギリス特有の大衆小説の伝統を引くスパイ小説の近代版と評している。実際に『死ぬのは奴らだ』が「ポケット・ミステリ」に収録されるのは同年の九月であるから、すでにおそらく都筑の勧めで早川書房が翻訳権をとっていたことになる。

続く四月号の「編集ノート」には都筑道夫の他に福島正実、田村隆一、小泉太郎の声も加わり、田村は知的エンターテインメントとしてのミステリの読者が増えてきたことが戦後の大きな特色だと述べているが、これは「ポケット・ミステリ」を立ち上げてからの四年間の実感であったと思われる。さらに五月号では小泉太郎が「編集ノート」をクリスティの『そして誰もいなくなった』のパロディで書き、田村たちの殺し方を披露している。次第に新雑誌の態勢が整い、編集者たちの気分が昂揚してきた証しであろう。

ここで翻訳作品にも一作だけ触れてみよう。同じく六月号の「ぺいぱあ・ないふ」は「一九四〇年代の末から活動を開始した探偵文壇の新人たちの中で、もっとも注目にあたいするのは、ロス・マクドナルドとウィリアム・P・マッギヴァーンの二人」だと書き、三十一年十一月号「骨折り損のくたびれもうけ」（砧一郎訳）に続いて同号にマクドナルドの本名のケネス・ミラー名義の「女を探せ」（田中融二訳）を掲載している。私はハメットやチャンドラーにまして、ロス・マクドナルドの愛読者なので、一九四六年のアメリカ版E・Q・M・Mコンテスト入選作「女を探せ」について書くことにする。すでにこの短篇にマクドナルドの物語世界の祖型が表出しているからだ。この作品は後に改稿され、主人公がリュウ・アーチャーとなり、中田耕治訳で『わが名はアーチャー』(「ポケット・ミステリ」)、小鷹信光訳で『ロス・マクドナルド傑作集』(創元推理文庫)に収録されているが、ここでは初出の田中融二訳を対象とする。

私立探偵ロジャースのところにミセス・ドリーンが訪れる。彼女はハリウッドの映画会社の全国宣伝担当者で、五万ドルを稼ぐやり手だった。四十歳ほどだったが、それこそ「あっぱれ手練れのおひきずり」の態度を見せつけた。海岸別荘に住む娘が行方不明になったと言い、ロジャースに探すことを依頼し、百ドルを払う。娘はウナという名前で、二十一歳の元女優だった。海軍少尉の飛行士ジャック・ロッスと結婚したが、夫は出征中なので、母親もよく出かける海岸別荘で一人暮らしをしていた。ところが昨夜から戻っておらず、溺れて死んだのではないかと心配し、ジャックが帰還することもあり、ドリーンはロジャースを同行させ、海岸別荘に向かう。

車は海岸沿いを走り、八月のめくるめく太陽の光が砂と海を照りつけ、空には幾片かの雲が流れ、雲の間を一機の飛行機が旋回している。その下に別荘があるのだ。そしてマクドナルド特有の風景描写がなされ、物語の行方を暗示させる。

静かな青い水は、憂いのかげもない眉の下に優しい光をたたえた青い瞳のように、白い砂浜にかこまれてたとえようもなく無心に輝いていた。が、そう思つている間にも、雲が陽をさえぎるにつれて海面はその相貌を変えていた。陰険な緑と、傲然たる紫が、無邪気な青に蔽いかぶさつた。わたしは突如として、水というものにたいする原始的な魅惑と恐怖に襲われた。潮が変り、入江にむかつて逆流しはじめていた。波はまるで目にみえない盲の獣が、歯のない顎を剝《む》いて執拗《しつこ》く陸にむかつて噛みつくように、わたしたちにむかつてきた。

このような風景描写はハメットやチャンドラーには見出せず、マクドナルドならではの物語のメタファーがこめられ、実際にこの描写がこの短編の転回点となる。

ロジャースの捜索とは別に、帰還したジャックはウナを求め、海を探していた。巨大な太陽が怒りに燃えたように真赤になり、水平線に向かって刻々と沈み、そこから燃える火が拡がってくるようだった。ジャックが「異形の怪物」のように海から出てきた。

落日が投げてよこす火照《ほて》りで、その男も燃えているように見えた。顔をおおつた潜水マスクは、その男を異様に、人間ばなれしたもののように見せた。かれは、これまで陸地に足跡を印したことがない、海棲の怪物であるかのように水中からたちあらわれた。

そして彼は溺死した妻のウナを海底に発見するのだ。

ロジャースが捜査を進めていくと、ウナが映画スターのテリイ・ネヴィルと愛人関係にあり、失踪当日、海の筏の上で戯れていた事実を知った。ネヴィルは降下してくる飛行機を目にし、逃げ出したが、ウナはその飛行機に急襲され、ショック死を起こし、海中に沈んでいたのだ。真相が明らかになる。その飛行機に乗っていたのはジャックであり、彼は入港する前に飛行機で海岸別荘に向かうと電報で妻に知らせてあった。だがその電報を隠し、知らせずに筏の上でウナとネヴィルを戯れさせ、ジャックをしてウナを死に追いやらせたのは他ならぬドリーンだった。ドリーンはウナにジャックを奪われたと思いこみ、そのような行為に及んだのだ。華やかな職業につき、高給を稼ぐ四十歳の色気たっぷりな独り身の母親、元女優で若くて情熱的な青年と結婚した二十一歳の娘、その関係は母娘というより、ジャックを巡る女同士のライヴァル関係にあったのである。

ロジャースがドリーンに向かって言う。

「たぶん、あなたはジャックを自分のものにしたかつたんでしょう。（中略）あるいは、理由は別にあつたか―わたしは知りません。おそらく、あなたの心の中の動機のありかをつきとめるためには、本職の精神病医がかかつてもなま易しくはいきますまいよ、ミセス・ドリーン（後略）」

ここでリュウ・アーチャーを主人公とする物語がこれから展開されていくことを予告している

かのようだ。娘の失踪から始まり、明らかにされていく豊かな社会の家庭の悲劇と家族の心象現象、その物語祖型がまさに戦後文学であることも含め、すでに「女を探せ」の中に提出されている。

もちろん、田中融二の翻訳は洗練されていないが、このようなマクドナルドの特質をよくつかんでいると思う。『エラリイ・クイーンズ・ミステリ・マガジン』によった訳者たちも最大限の努力を重ねていたのではないだろうか。

その『エラリイ・クイーンズ・ミステリ・マガジン』の編集事情について、これまで何度も出てきた都筑道夫に語ってもらおう。彼は数年前に亡くなったが、幸いなことに十三年間にわたって『ミステリマガジン』に連載した『推理作家が出来るまで』（フリースタイル）という長大な自伝を残している。特に日下三蔵編の詳細な年譜と索引は戦後文化史の資料と言っていい。またこれは記しておくだけにするが、都筑道夫も倶楽部雑誌の編集者にして作家であり、色川武大と知人であったことがわかる。

『エラリイ・クイーンズ・ミステリ・マガジン』は最初は都筑の友人である田中潤司が編集長だったが、先述したように早川清との関係が悪化し、降りてしまい、ミステリに詳しい都筑道夫が招かれたのである。都筑の部屋を訪れ、そのすさまじい読書量に圧倒されたことを生島治郎が早川書房時代を描いた『浪漫疾風録』（講談社）の中で書いている。

その長四畳のほとんどを占居しているのは原書の山であった。ハードカバーからペーパー・バックまで、ありとあらゆるミステリ関係の洋書が部屋の中に積まれている。（中略）その洋書は一種独特の匂いを発していた。（中略）給料からアルバイトの原稿料まで、この原書に投じているのは明らかだった。（中略）

彼の秀れた語学力、読解力はここから生まれているのだということをしみじみと思い知らされて、たじたじとなった。自分にはこれほどミステリに打ちこむことはできない。そんなに努力するほどの根気はない。そう思うと都筑の才能の根底に頭が下がる思いがした。

そして生島は田村隆一のスカウトの正しさを実感し、これらの洋書が「ポケット・ミステリ」に入ることを考え、早川書房が都筑とこの本という「すばらしい鉱脈を掘り当てた」と実感したのである。

しかし都筑道夫にとっては前途多難のように思われた。それは探偵作家クラブの例会で江戸川乱歩の次のようなスピーチがあったからだ。引用は『推理作家が出来るまで』による。

「今度早川書房から、『エラリイ・クイーンズ・ミステリ・マガジン』の日本語版が出る。ここにいる会員の都筑道夫君が、その編集をすることになった。『エラリイ・クイーンズ・ミステリ・マガジン』はＥ・Ｑ・Ｍ・Ｍという略称で知られているが、高級な専門誌だ。いまの日本で出して、一年もつかどうか、わからない。みなさんの協力を、お願いする」

江戸川乱歩が大正時代から様々な推理小説雑誌の浮沈を見てきただけに、都筑は本当に震え上がる思いだったと告白している。さらにまた『エラリイ・クイーンズ・ミステリ・マガジン』の編集だけでなく、「ポケット・ミステリ」の作品選定と解説も当然のことのように彼の仕事になってしまったのである。

だが都筑に限らないことだが、『エラリイ・クイーンズ・ミステリ・マガジン』の創刊部数やその後の売れ行き部数の推移に言及がないので、販売状況がよくわからず、隔靴掻痒の感がある。このような時に社史があれば、便利だと考えてしまうのだ。社長も営業部も売れているかどうかの話がなく、何も言われなかったので、売れ行きは悪くないのだろうと思っていたこと、福永武彦がほめてくれたことを都筑は書いているだけだ。常識的に考えれば、廃刊せずに出し続けられたのであるから、号を追うごとに部数は伸び、安定部数を確保できていたのだろう。

それに実態はつかめないが、先行する「ポケット・ミステリ」などによって、「翻訳ミステリの読者層が、出来はじめている」のは確かであり、都筑道夫の編集方針は次のようなものだった。

誌名の通り、推理小説雑誌であることはわかりきっている。だが、日本的な感覚で、推理興味のつよい作品を選んで、ならべたのでは、いい作品ばかりであっても、単調になってしまうし、第一、日本人むきでない作品ばかりが残ってしまう。推理作家が書いたものでも、そこにはユーモラスなもの、ロマンティックなもの、ファンタスティックなもの、いろいろある。時代ものもあれば、未来ものもある。だから、それらが推理小説のひとつのタイプであることを、いったんわすれよう。ユーモア小説、恋愛小説、幻想小説、時代小説、未来小説と考えて、ふつうの雑誌を、ヴァライエティゆたかに編集するつもりになれば、新鮮なものが出来るだろう。そう考えたわけである。

やはりそうであったのかとうなずけるのだが、「推理小説の鬼たち」の反発は強かったらしい。その他にも翻訳権の問題、古いタイプの翻訳者の入れ換え、二人のエラリイ・クイーンのうちのマンフレッド・B・リーの英文の難解さ、コラムを一人で書いたこと、福永武彦に「ぺいぱあ・ないふ」を絶賛された話、古本屋を回って収集したペーパーバック、常に商売だけを考えていたが、編集を通じて「日本の推理小説に貢献している、という満足感を持っていた」こと、フレミングの『死ぬのは奴らだ』を「ポケット・ミステリ」に入れて大成功したことなど多くのエピソードが語られ、『エラリイ・クイーンズ・ミステリ・マガジン』が二年目の後半から軌道にのり、都筑道夫も余裕が出てきたことを告白している。そして昭和三十四年に都筑が退社すると、その後任に生島治郎がつくことになるのである。それからのことは前述の生島の『浪漫疾風録』に詳しい。

ここで宮田昇を登場させる。彼は田村隆一や都筑道夫よりも早い入社で、さらに古くからの早川書房とその周辺の事情について異なった視点から、翻訳者たちも含めた様々な興味深い事実を『戦後「翻訳」風雲録』で書いている。順序は逆になるが、宮田がかなり長く言及している早川清をまず挙げてみよう。早川は生島治郎の『浪漫疾風録』でも「でっぷりと肥っていて、いかにもビジネスマンにふさわしい現実的な風貌をしている」と書かれ、その陰険さや吝嗇ぶりが描かれているが、宮田は早川との長きにわたる不和と断絶があったにもかかわらず、次のように冷静に書いている。

エンターテインメントの翻訳の歴史は、ポケット・ミステリ・シリーズを世に送り出した早川書房に行き当たらざるを得ない。その早川書房の社主、早川清（一九一二～一九九三）が存在しなかったら、動機や経過はとにかく、翻訳エンターテインメントの開花は遅く、また別なものになっていたかもしれない。

そして早川は「きわめて特異な性格の人であった」と回顧している。早川家の財産への執念、組合問題、同人誌に加わり、演劇青年であった過去、出版で財産を失いかけたことなどから、早川の特異な性格が形成されたのではないかと推測している。昭和二十年代に翻訳出版はマイナーな分野で、ミステリ、ＳＦを刊行する出版社は必ず倒産すると言われていたが、早川書房は出版を続けてきた。その意味で、「それにかかわった出版社の経営者の名」も歴史に刻まれるべきだという視点に宮田は立っている。確かに文化史において、著者や編集者の名前は挙げられるが、経営者は召喚されていない。そうした特異な目配りゆえに、『戦後「翻訳」風雲録』は宮田ならではの面白い翻訳文化史に仕上がっている。

宮田昇は近代文学社などを経て、昭和二十七年に早川書房に入社した。演劇・海外文学出版社というイメージとは異なり、大量の返品のために準倒産の状態にあった。彼の早川書房入社は「荒地」の同人である加島祥造の推輓によるものだった。加島の兄と早川清が神田の小学校の同級生であったために、早川と加島も幼馴染であり、その関係で田村隆一も入社し、「荒地」の詩人たちが早川書房の翻訳者であり続けたのも、加島の存在ゆえだった。

そして宮田のブレーンの一人である文芸評論家の瀬沼茂樹と『悲劇喜劇』の編集長の遠藤慎吾の意見をもとに、アメリカのペーパーバックに似た形のポケット・ミステリの原型が宮田たちによって考案され、その編集のために田村隆一が入社することになる。

宮田は早川書房の翻訳者たちが「荒地」の詩人ばかりでなく、あの大宅壮一の翻訳工場のメンバーも加わっていたと書き、大久保康雄、田中西二郎、中村能三、白木茂の名前を挙げている。その大久保康雄の下訳者として高橋豊、多くの下訳者を育てた宇野利泰、映画字幕の清水俊二にも言及している。このような様々な人材を集めることができたゆえに、「ポケット・ミステリ」の翻訳の量産が可能になったのであろう。だから「その翻訳の多くは、文学青年や、詩人たちの生活の糧として行われることが多かった」のだ。準倒産状態にありながらも、早川書房は企画、及び編集者と翻訳者の人材に恵まれていたことになる。これは早川書房ならではの特異な物語である。

宮田昇はそれらの翻訳者たちが「神々のように、奇才、奇行の目立つ人が多く、報われた・報われなかった差はあったが、今数えあげても、逸話には事足りるほど多くある」と記し、彼らの逸話を展開していく。

「荒地」の詩人である中桐雅夫の天真爛漫とこだわり癖、鮎川信夫の隠された結婚、二人の翻訳をめぐる確執、田村隆一の無頼と小心、「ポケット・ミステリ」の翻訳者のたまり場にいた田中小実昌、児童文学のリライト、ダイジェストをしたために全訳主義全盛の時代を迎え、不遇のままであった亀山龍樹、SFに全力を注いだ編集者の福島正実、酔師ともいうべき大学教授の斉藤正直、「女を探せ」の訳者である田中融二の奇矯と自死などが次々と語られていく。それらは詩人、奇人、児童文学者、編集者、映画字幕者、大学教師、出版者がそれこそ「神々だった時代」の出来事であり、その時代とは戦後から高度成長期にかけてだったと思われる。そして「ポケット・ミステリ」と『エラリイ・クイーンズ・ミステリ・マガジン』を中心にして、いずれも特異な出版経営者、編集者、翻訳者たちが、これもまた特異な物語を重ねることで、今日のミステリの基盤を形成したのではないだろうか。

宮田昇が『戦後「翻訳」風雲録』を記したのはそのような時代の出来事を残しておきたかった

からだと思う。彼は中桐雅夫の章の終わりに次のように書き、章を閉じている。

ハヤカワ・ポケミスが、早川書房そのものにも、大きな利益を与えたわけではないことは、それに当初かかわっただけに十分知っている。しかし日本のミステリー読者層の拡大定着に貢献しただけでなく、海外のエンターテインメントの翻訳の幅を広げ、結果的に現在の早川書房の基礎を作ったことは確かである。

それにしては、その翻訳によって大きな恵みを受けた者はごく僅かであることと、中桐のようにミステリーが好きか、あの貧しかった時代の糧として取り組まざるを得なかった翻訳者の多くに、支えられた面があることを忘れてはならないだろう。

私も「ポケット・ミステリ」を数百冊持っている。初期のものには訳者としての彼らの名前がある。あの判型と抽象画の表紙が持っていたかつてのインパクトを思い出す。やはり自分の体験から考えても、神々たちのドラマは知らなかったが、それは高度成長期の社会における特異なインパクトであり、未知なるものへの誘いに充ちていたように思われる。

15　岩谷書店と『別冊宝石』

『エラリイ・クイーンズ・ミステリ・マガジン』に言及したのだから、やはりこれも同時代の推理小説誌である『宝石』に触れないわけにはいかないだろう。そうはいっても、昭和三十九年に『宝石』は廃刊になっているので、リアルタイムで読んでおらず、『別冊宝石』一冊と岩谷書店の単行本を数冊持っているにすぎない。だがこの『別冊宝石』は貴重な号のようであり、鮎川哲也のデビュー作が掲載されてもいる。まずはこの号から始めよう。

これは昭和二十五年四月発行で、表紙の絵は『新青年』の松野一夫が担当し、そこには「百万円懸賞第三回入選作品長篇読切特集号」とあった。B5判三百二十六ページで、見返しには五十点を超える「岩谷選書」、巻末ページには岩谷書店の「既刊目録」が掲載され、多くの書籍を刊行していたことを教えてくれる。

この「百万円懸賞」について、江戸川乱歩が『探偵小説四十年』（講談社）の中で、同名の章を立てて説明している。それによれば、昭和二十四年四月号で見開き二ページで、「宝石三周年記念事業として、小社は推理小説コンクール作品の大募集を敢行する」に始まる広告をうち、A

級が長篇、B級が中篇、C級が短篇で、A級を二冊、B級とC級を各一冊ずつ『別冊宝石』として刊行し、その中から選考委員が入賞作を選ぶというものだった。その選考委員はこの号に掲載されているが、乱歩以下、佐藤春夫や折口信夫までを含む二十九人だったが、いざ選考となると、その半分も出席しなかったという。

　そして「A級第二回予選通過作品」が十四篇選ばれたと奥付の「宝石編集部」による「予選銓衡後記」は記し、それらの作品名をリストアップしている。乱歩は予選通過は十二篇だと書いているが、現物を確かめていないための間違いであろう。おそらく「第三回入選作品」とあるのはこの十四篇のすべてを二冊の別冊に掲載できないので、さらに選んだことを示しているのだろう。

　その第一冊目が昭和二十五年四月発行の『別冊宝石』なのであり、次の五篇が収録されている。

中川透　「ペトロフ事件」
大牟田次郎「帰って来た男」
岡田鯱彦「紅い頸巻」
大河内常平「松葉杖の音」
島久平「硝子の家」

『別冊宝石』昭和25年新人長編読切特集号

岩谷選書

探偵小説の大寶庫

1 陰獸 江戸川亂步
2 折蘆 木々高太郎
3 烙印 大下宇陀兒
4 本陣殺人事件 横溝正史
5 若さま侍捕物手帳 城昌幸
6 魔女物語 渡邊啓助
7 ソロモンの桃 香山滋
8 廚子家の惡靈 山田風太郎
9 刺青殺人事件 高木彬光
10 蜘蛛を飼ふ男 角田喜久雄
11 夢を築く人々 佐藤春夫
12 不連續殺人事件 坂口安吾
13 顎十郎捕物帳 久生十蘭
14 窓は敲かれず 水谷準
15 深夜の市長 海野十三
16 芋蟲 江戸川亂步
17 私刑 大坪砂男
18 鯉沼家の悲劇 宮野叢子
19 殺人鬼 濱尾四郎
20 蝶々殺人事件 横溝正史
21 古墳殺人事件 島田一男
22 文學少女 木々高太郎
23 青斑猫 森下雨村
24 黒死館殺人事件 小栗虫太郎
25 能面殺人事件 高木彬光
26 怪奇製造人 城昌幸
27 恐怖島 香山滋
28 錦繪殺人事件 島田一男
29 盲目が來りて笛を吹く 岡村雄輔
30 鬼火 横溝正史
31 若さま侍捕物帳2 城昌幸
32 野獸の夜 島田一男
33 綺堂怪奇小説集 岡本綺堂
34 僞惡病患者 大下宇陀兒
35 顎十郎捕物帳(下) 久生十蘭
36 押繪の奇蹟 夢野久作
37 四十指紋の男 木々高太郎
38 奇談クラブ 野村胡堂
39 惡魔默示錄 赤沼三郎
40 三人の双生兒 海野十三
41 體温計殺人事件 甲賀三郎
42 幻想殺人事件 守友恒
43 下山總裁 山田風太郎
44 戀愛曲線 小酒井不木
45 妖婦の宿 高木彬光
46 中國探偵小説集 辛島驍
47 地獄の花嫁 大倉燁子
48 カメレオン黄金虫 椿八郎
1001 お前が犯人だ E・A・ポウ
1002 八點鐘 M・ルブラン
1003 水晶の栓 M・ルブラン
1004 幻妖夢 J・ハリス
1005 月長石 コリンズ
1006 ルルージュ事件 ガボリオ

―以下續々刊行―

―各册100圓 〒13圓―

東京都港區芝局區内
振替東京100224
岩谷書店
直接御送金は振替
又は書留小爲替で

「岩谷選書」

第二冊目は未見のために掲載作品がわからない。そのことも含めて、疑問もあるので記しておきたい。江戸川乱歩はA級の当選が昭和二十五年十二月号に発表され、一等が遠藤桂子「渦潮」、二等「ペトロフ事件」、三等「硝子の家」と書き、遠藤桂子は後の藤雪夫だと付け加えている。中島河太郎の『日本推理小説辞典』（東京堂出版）の藤雪夫の項も同じ記述、権田萬治、新保博久監修の『日本ミステリー事典』（新潮社）の藤桂子の項は少し異なり、「渦潮」は二等となっているが、「A級第二回予選通過作品」十四篇の中に遠藤桂子「渦潮」は含まれていないのである。そのことを示すために、煩雑をいとわず、先に挙げた五篇以外の作品を挙げておく。

谷渓太郎　「考古学殺人事件」
松浦呑海　「お礦山殺人事件」
青木英　「黄龍館事件」
新田司馬英「赤い塩事件」
横内正男　「変つた下宿人」
岡村雄輔　「加里岬の踊子」
鯨一平　「田園殺人事件」
鬼怒川浩　「地獄の窓」
近藤遠舟　「安藤家の崩壊」

作者名とタイトルを変更したにしても、遠藤桂子や「渦潮」らしき作者も作品も見られない。江戸川乱歩の『探偵小説四十年』における記述が間違いであるにもかかわらず、そのまま踏襲されてしまったのだろうか。ちなみにこの号に発表されているC級当選作は一等が土屋隆夫「罪深き死の構図」、二等が日影丈吉「かむなぎうた」だった。

さてここで先の五篇に戻るが、全作品には触れられないので、中川透の「ペトロフ事件」だけにとどめる。中川透は鮎川哲也のペンネームであり、これが「ペトロフ事件」の初出で、実質的にデビュー作といっていいだろう。『鮎川哲也長編推理小説全集』(立風書房)収録にあたっては最初から全面的に改稿されていて、初出でしか見られないので、その書き出しだけでも引用しておこう。まずガボリオの『ルルージュ事件』(岩谷選書)の「彼はきつと素適なアリバイを提供するよ、何うしても解けないアリバイをね」というエピグラフが掲げられ、「蛇の角《プロロオグ》」から始まっている。

満州の表玄関大連。此の都会はロマーノフ王朝時代に東進政策の脚光を浴びた当時東洋の果てにあるが故に遠いといふ意味のダールニイと呼ばれたが、日露戦後は亜欧大陸に連なる第一歩の地として、今の様に改称されたのであつた。人口五十万といふ小都会乍ら、それ故にこそ大都市にはみられぬ理想的な文化施設を誇り、山紫水明の天然の美にも恵まれて、何の面をみても表玄関として恥しいものは無かつた。

「ペトロフ事件」は「時刻表トリック」を中心にしたアリバイ崩しものの嚆矢(『日本ミステリー事典』)とされているが、この記述は推理小説を志向しながらも、紛れもない戦後文学であることを告げている。植民地を体験し、日本に戻ってきた作家になろうとする人間の視線によって大連が現われている。だが続けて姿を見せるロシア人、満人、中国人、そして彼らを見張るように巡回する日本人の巡査は大連という都市の位相を自ずと浮かび上がらせている。鮎川哲也は小学校三年の時に満鉄の測量技師になった父とともに大連に移住し、大連二中を卒業したが、その後の経歴等は不明とされている。これらのことも含めて、「ペトロフ事件」は戦後文学、植民地文学として新たに読み直される必要があるように思われる。

『別冊宝石』のザラ紙に旧字で四段に組まれ、松野一夫による大きな挿絵、地図と満鉄の時刻表が付された初出に触れると、そのような感慨に襲われる。おそらく昭和二十五年にリアルタイムで読めば、生々しい作品だったのではないだろうか。

だが「ペトロフ事件」は当選したにもかかわらず、岩谷書店の財政が困難になったために賞金が支払われず、そのことで鮎川哲也は『宝石』と不仲になり、本格的なデビューは昭和三十年の『黒いトランク』(講談社)を待たなければならなかった。

『別冊宝石』から始めてしまったが、ようやく版元の岩谷書店に言及できる。岩谷書店は明治中期の有名な岩谷天狗煙草の孫である岩谷満によって昭和二十一年に創業され、『宝石』を創刊した。その資金については様々な説があるのだが、ここでは実際に岩谷書店の創業時にアルバイトをしていた山村正夫の『推理文壇戦後史』（双葉社）の中の証言を引いてみる。

岩谷社長は（中略）当時、朝鮮から引き揚げてきたばかりの、慶応出身の青年実業家だった。日本火薬の専務をしていた父の二郎氏が、戦時中はベルギー国の代理公使をしていたので、他の引揚者のような財産の没収や悲惨な目にも遭わずに、無事に帰国したものらしい。岩谷書店と雑誌『宝石』は、その持ち帰った二郎氏の全財産を投じて誕生したものである。編集長の城昌幸先生は、詩人の城左門の方でも著名で、『新青年』の初期から、怪奇幻想風のショートショートを発表しておられた探偵作家でもあった。だが、一般には「若さま侍捕物手帖」の作者として、広く知られていた。また新たに編集部員になった武田氏は、若い青年詩人だった。

これまで何度も見てきたように前途多難を予感させる記述である。しかも岩谷満は四、五段という囲碁に関してプロ級で、さらに岩谷健司のペンネームを持つ詩人であったので、『宝石』の他に『囲碁春秋』、詩誌『ゆうとぴあ』（後の『詩学』）も岩谷書店から発行していた。そして推理小説のマニアとして新人の投稿原稿を読む仕事を一手に引き受けていたという。

それでも横溝正史の「本陣殺人事件」の連載を柱とする『宝石』創刊号は五万部、二号の四月号は六万部完売し、発行部数十万部を称した時期もあったらしい。二十一年十二月号には香山滋、山田風太郎、島田一男などの懸賞当選作品が掲載され、それに続いて高木彬光の『刺青殺人事件』が「宝石選書」第一集として刊行され、大坪砂男も『宝石』に持ち込んでデビューしたことで、推理小説の「戦後派五人男」が揃ったことになる。これは江戸川乱歩の選者としての協力や強い推薦があった。探偵作家クラブも発足し、その事務所も岩谷書店に置かれた。

山村正夫の回想に「推理文壇」という言葉が入っているように、まさに「推理文壇」がこれまでになく形成されたのである。戦後のこの時期は『宝石』を始めとする様々な推理小説誌の創刊があり、次々と新人作家が輩出し、江戸川乱歩を中心とする「推理文壇」が活況を呈していた。それは江戸川乱歩の『探偵小説四十年』における同時代の記述にも歴然と表われている。

だが昭和二十三年の初めまでは岩谷書店の経営も順調だったが、七月に『宝石』よりも大部数をめざした大衆小説雑誌『天狗』を創刊し、失敗して五、六号で廃刊したこと、さらに『天狗』の赤字を埋めるために大がかりな「岩谷選書」を二十四年九月に刊行し始めたが、営業的に成績が上がらなかったことで、資金繰りが悪化していった。そのために「岩谷選書」はゾッキ本として出されてしまい、追い討ちをかけるように二十五年から『宝石』の部数が減少し、原稿料も出なくなったようだ。それでも『宝石』が存続した理由について、江戸川乱歩は『探偵小説四十年』で記している。

探偵作家一同が、中心雑誌である「宝石」を守るという気持から、多大の金銭上の損害を忍びに忍んで、執筆をつづけてきたからで、こういうふうに作家が一体となって、一雑誌を庇護した例は、他の分野には全く見られないことである。

この時期に「百万円懸賞」を募集したのであるから、かなり詐欺的な企画と言われても甘んじて受けるしかないだろう。つまり懸賞の名目で多くの原稿を集め、その原稿を予選通過と銘打ち、『別冊宝石』に掲載し、賞金を支払わないですませたのだから。

江戸川乱歩は『宝石』に連載し、昭和二十六年に岩谷書店から刊行した『幻影城』の「探偵雑誌目録」において『宝石』を次のように解題している。

創刊以来五年間を通じて作品として最も目立ったのは、第一号から横溝君の「本陣殺人事件」につづいて連載の「獄門島」それから前記「宝石選書」の高木君の「刺青殺人事件」であった。従来本格探偵小説を書かなかった横溝君が、戦後本格派の主将となり、次々と力作を発表して、新人を刺激し、多くの優秀な作家を生む機縁を作ったのである。横溝君をしてこういう力作を書かせた裏に編集長城昌幸君の努力があったことも忘れてはならない。私は小説が書けないので、「幻影城通信」という随筆を創刊以来現在まで書きつづけて、英米探偵小説の紹介と新人の刺激に力めた。

「宝石」の最大功績は、戦後の新人の殆んど全部をこの雑誌が生み且つ育てたことである。

当事者ならではの要を得た紹介と言えよう。しかしこの時期から『宝石』の部数はさらに減り始め、昭和三十年代に入ると、二万部の部数が七、八千部まで落ちこんだらしい。そのためだと思われるが、三十一年に発行所が岩谷書店から宝石社に変わり、発行人が城昌幸になっている。それらの事情については詳細がわからないが、責任をとって岩谷一族が身を引いたのであろう。だが出版史のエピソードとして付け加えれば、岩谷満の親類にあたる杉田信夫が岩谷書店を訪ね、『宝石』の販売を手伝い、京都に帰り、後に出版社を起こすことになる。それはミネルヴァ書房である。

杉田の証言によれば、岩谷満は若くして亡くなったという。宝石社は城昌幸に次いで、昭和三十二年からは江戸川乱歩が経営と編集を引き受け、三十九年まで刊行されるが、乱歩が病に倒れると経営は悪化し、その五月号で終刊し、十九年の幕を閉じた。

江戸川乱歩の経営と編集による『宝石』を語りたい誘惑に駆られるのだが、すると小林信彦の『ヒッチコック・マガジン』も取り上げざるを得ず、それは岩谷書店とは離れてしまうので、稿を改めることにしよう。

16　梶山季之と『文学界』

あなたに限らず、あの時のことを書きたがっている人を私は二三知つています。みんな書きたいのですね。私たちは何か胸を裂かれ眼を灼かれた想ひです。しかし、私はあなたに何も文学上の助言をすることができません。何故なら、私のやうな道をたどつていたら、餓死するからです。

原民喜

古本屋で偶然手にした『文学界』の昭和三十六年九月号をめくると、目次に梶山季之「族譜」があり、「族譜」は『文学界』に掲載されたことを初めて知った。戦後生まれで高度成長期下に育った私たちにとって、流行作家のイメージが最も強かったのは梶山季之だった。他の作家にない独特のエロチシズムも魅力であり、雑誌連載も多く、本も次々に出たので、その当時実際にかなりの作品を読んだ。だが『文学界』のような文芸誌に梶山の作品が掲載されていることに気づいていいなかった。

この号には小説として、高見順の「水の上」（「いやな感じ」）、石原慎太郎の「日本零年」、原田康子の「望郷」、評論として、亀井勝一郎の「日本人の精神史研究」、平野謙の「昭和十年前後」、江藤淳の「小林秀雄論」が連載され、「世界文学展望」なるコーナーでは佐伯彰一がヘミングウェイの死、白井浩司がガリマール社の五十年、篠田一士がボルヘスをそれぞれ語っていた。その間に「族譜」が置かれていたことになり、これも戦後文学の一場面であったのだ。

　私は十年ほど前から、高度成長期の資料として梶山季之の作品を少しずつ集め、再読してきた。そして『小説ＧＨＱ』（集英社文庫）、『悪人志願』（集英社）、『生贄』（徳間書店）を論じたりもした。その過程で梶山が描こうとしたのが紛れもない戦後史だとわかった。それもまさに敗戦と占領から始まり、高度成長期の現在に至る過程であり、昭和三十年代の所謂「社会派推理小説」と基盤を共通にしていた。それは戦後社会そのものが大きなミステリであったからではないだろうか。

　だが梶山にとって、その前史としての作品が朝鮮の京城を舞台とする「族譜」や「李朝残影」であった。この二作はかつて講談社文庫の『李朝残影』に収録されていた。梶山季之は昭和五

『文学界』昭和36年9月号

年に京城で生まれた。父は朝鮮総督府の役人、母はハワイ移民の娘だった。五木寛之が小学校の三級下にいたという。京城中学四年のときに敗戦を迎え、二十年に両親の故郷である広島に引き揚げてきた。鮎川哲也と同様に梶山季之も五木寛之も帰ってきた男たちなのだ。このような個人史をふまえ、梶山は日韓関係、ハワイ日系移民、広島の原爆を主たるテーマと決めていたが、『トップ屋戦士の記録』(季節社)に収録されたノンフィクションに見られる週刊誌の時代を経て、昭和三十七年種村季弘の企画編集した『黒の試走車』によるベストセラー化で、たちまち流行作家になり、それに加えて昭和五十年に四十五歳で早世してしまったことで、その三つのライフワークは実現しなかったのである。

平成十年に梶山季之の二十三回忌を迎え、夫人の梶山美那江によって編まれた『積乱雲』(季節社)は彼の詳細なビブリオグラフィであると同時に、三つのテーマを織りこんだ「積乱雲」の書き出し、及び膨大なその関連資料を収録し、「族譜」も含まれている。そして「仕事の年譜」をたどっていくと、「族譜」は昭和二十七年に同人雑誌『広島文学』に発表され、さらに三十年に『新早稲田文学』に再録されている。だから『文学界』は三度目の掲載で、梶山がとりわけこの作品に愛着を覚えていたことがわかる。

「族譜」の時代設定は昭和十五年で、舞台は前述したように京城である。主人公の谷六郎は小学校から中学三年まで京城で過ごし、内地に戻って美術学校を出たが、朝鮮の風景が忘れられず、また京城に戻ってきていた。そして徴用逃れのために、総督府の課長である義兄の紹介で、京畿道の道庁の総力第一課に勤めることになった。そして梶山季之は次のような文章で、植民地における日本人青年の心象風景と民族葛藤の予感を映し出している。

勤めはじめると、間もなく駈足で秋は過ぎ去って、すぐに冬がやってきた。道を歩くと、プラタナスの街路樹が、大きな落葉を風のたびに吹き落とすのだ。僕は、風に巻き込まれた落葉が、自分の意志に反して歩道を舞い続けている朝の風景に、急激に迫ってきた冬の跫音を聴き、そして自分自身の悲しい姿を見るような気がした。

梶山季之の原風景の在り処を告げる瑞々しい文体であるが、彼は流行作家となる過程で、このような詩的散文を扼殺しなければならなかった。

内鮮一体のスローガン下にある京城で、谷が命じられた仕事は朝鮮人の創氏改名だった。これは日本の植民地政策のひとつであり、姓名を日本風に改めさせ、日本人になりきらせようとするものだった。最初谷は奴隷的地位にある朝鮮人への一種の恩典だと考えたが、総督府の意図とすれば、創氏改名による日本人との同等の待遇は表向きの理由で、日本人と同様の義務である徴兵、徴用、税金、供出を朝鮮人に科することだった。大量の兵士を必要とする大東亜戦争が間近に迫っていたからだ。まだ朝鮮人強制連行の研究は始まっていなかったと思われるが、梶山はそれと並行して朝鮮人が北海道や九州の炭鉱に強制徴用されているという噂を忍びこませている。

谷の創氏改名担当地域に大地主で、立派な家系を持つ薛鎮英《へいちんへい》がいた。彼は親日家であるにもかかわらず、創氏改名を承諾せず、そのために地域でも何万という人々が創氏改名に応じなかった。谷は彼に会いにいく。その道行きが描かれる。またしても風景描写を通じて物語の行方を暗示させる。

国道に沿って、小川が流れていた。青い草叢だった土堤も、ポプラ並木も、いまは褐色に姿を変えていた。洗濯をしている農婦の、手が赤くかじかんでいる。枯草の上に乾された白い上衣《チョゴリ》や裳《チマ》は、ぬるい初冬の陽ざしを浴びながら、なにか寒々とした感じで眼に写った。

薛は谷に「族譜」を見せる。それは薛氏一族の系図であり、七百年の過去帳であり、七百年の繁栄の歴史であった。創氏改名すれば、薛一族は終わってしまうのだ。しかし薛が創氏改名しなければ、多くの人々もそれに従うだろう。谷は薛の希望するように薛を「マサキ」と読ませ、創氏改名に応じたことにし、それで通す決心をした。それでも谷は思う。「彼が創氏改名を拒んだとき、すでに悲劇は、この伝統ある薛家にそっと忍びこみ、その病原菌を撒き散らしていたと言えるだろう」。夕食の時に薛が歌う朝鮮民謡の「唄の節まわしには、ひどく哀調がこもっていて、それは亡国の民の、流浪の民の韻律だった」。朝鮮民謡は悲しい響きに充ち、侘しい旋律はこの民族の運命を象徴しているかもしれなかった。

予感通り、「マサキ」案は認められず、薛の娘の婚約者は憲兵隊に拘引された。薛は娘婿のために創氏改名を受け入れようとするが、娘は婚約者よりも家系を選んだ。だが創氏改名は法律であるかのように朝鮮全体に拡がり、権力のない民間人の薛は窮地に追いこまれていった。またしても風景描写がなされる。そして蛇と薛が重なる。

子供の頃、僕は郊外で、蛇が嬲り殺しにされているのを目撃したことがある。生きたまま皮を剝がれた蛇が、草の上を苦しそうにのたうち回っていた。あの凄惨な光景。それが思い浮かべられてならないのだ。

薛鎮英には、いまや七百年の薛一族の誇りがあるだけなのだ。彼の敗北は、一族の敗北であり、朝鮮民族の敗北だった。五千年の歴史をもつ民族の歴史をなくされ、三千万という民衆の言語と文学を奪われ、更にその姓名まで取り上げられようとする瀬戸際なのである。

最後に薛は創氏改名を受けいれるが、自殺してしまう。「草壁」という日本姓の「創氏改名が殺した、というよりほかない」。谷にも族譜を京城帝大に寄贈する依頼をしたための遺書があった。その族譜の最後に薛が記入した諺文があった。「昭和十六年九月二十九日。日本政府、創氏改名ヲ強制シタルニ依リ、ココニ於テ断絶。当主鎮英、之ヲ愧ジ子孫ニ詫ビテ、族譜ト共ニ自ラノ命ヲ絶テリ」。そして葬式の風景が続く。

遺骸は祭壇に飾られ、三日おいて葬儀が朝鮮の古式にのっとり、華やかに行われた。花車のように飾りつけた柩を牛に曳かせ、人々はその牛車の上で舞いつつ、死者の霊を慰めた。そして墓地へ、蟻が這うような遅々たる歩みを続けた。哀号を連呼する泣き巫子の、麻縄をぎりぎり頭に結えた婆や、麻の朝鮮服で柩を守りながら従ってゆく家族たちの姿は、参列する弔客を深い悲しみに誘った。蜿蜒と長蛇の如し、葬儀に参じた者は六千名を越えた。近事、稀にみる葬儀であったとは、土地の古老たちの言である。

それから三ヵ月ほどして、大東亜戦争が始まり、谷は出征した。見送りも断わり、一人で列車に乗った。「なにも悲しくなかった。どこか贖罪に似た、寧ろ晴々とした気持すらあった」と結ばれ、「族譜」は終わっている。

おそらく敗戦と占領を体験したことで、梶山季之の記憶の中にある京城は日本の植民地としての相貌を浮かび上がらせたのではないだろうか。京城における日本人と朝鮮人の関係は占領下の日本人とアメリカ人の関係にそのままつながっている。したがって「創氏改名」とは日本人が占領下で引き受けざるを得なかった総体のメタファーのようにも思える。しかも梶山は原爆の地である広島でこの作品を書いたのである。

これは四方田犬彦の『リュミエールの閾』（朝日出版社）で教えられたのであるが、韓国では「族譜」も「李朝残影」も早くから映画化されているとのことだ。二作とも未見のままであるのが残念でならない。さらに『積乱雲』によれば、「族譜」などを収録した英訳 The Clan Records が九五年にハワイ大学出版局から刊行されている。それらに反し、日本において梶山季之といえば、今でもポルノ的な作品を量産した作家と見なされ、文学者としての梶山季之は書かれていない。だが彼の作品を戦後文学として読み直してもいい時期になっているのではないだろうか。

なお最初に引用した原民喜の文章は梶山が主宰していた同人誌『天邪鬼』に寄せられたもので、原の遺書の一通でもあった。この手紙は若き梶山に大いなる波紋をもたらし、広島における原民喜の詩碑建立に奔走することになったと『積乱雲』は記している。

17 『東京物語』と『熱海』

三年前に熱海の老舗旅館「山木」に泊まったことがあった。といっても高級旅館ではなく、こじんまりした宿泊費も高くないところだった。それでも老舗の格式ゆえか、夕食時に若女将が挨拶にみえた。そのようなことは初めての経験だったので驚いたが、せっかくの機会であるから、常々気にかかっていたことを尋ねてみた。

小津安二郎の映画『東京物語』のロケに使われた旅館はどこなのですかと。これは昭和二十八年の映画であり、明らかにまだ若女将が生まれているはずもなかった。ただ老舗旅館であるから、そのことに通じている人物が存在すると思ったからだ。彼女は私の質問を受け、早速聞いて参りますと言って、出ていった。どうやら老女将に尋ねに行ったようだ。

しばらくして彼女は一冊の雑誌を手にして戻り、ページを開き、この旅館だということですと話した。そこには壽旅館とあり、おそらく二階から眺めた海の風景、それと玄関先から見た砂浜と海の光景が掲載されていた。確かに二階から見た海の風景は『東京物語』の場面に似ていた。でももうこの旅館はありません、廃業してしまったようですと彼女は言った。この『熱海』は昔の熱海を知る絶好の資料ですけど、この一冊しかありませんとも付け加えた。A5判の書籍と呼ぶにはたよりなく、巻末に六十ページほどの広告が掲載されているので、雑誌と考えていい。本文二百二十ページの『熱海』を手にすると、それは昭和二十八年に熱海市役所が、市庁舎復興落成記念として刊行したものだった。

この種の郷土資料は地元に古本屋があれば、かならずあるはずだと思ったが、草木堂書店が閉店してしまい、熱海には古本屋がすでになかった。だが近年は便利なもので、帰ってから「日本の古本屋」を検索すると、神田の中野書店に在庫があり、『熱海』を千五百円で入手できた。

『熱海』

『東京物語』の熱海のシーンはあまりにもよく知られているが、管見の限りではロケ地として探訪されていない。たとえば、川本三郎の『日本映画を歩く』(JTB)も『東京物語』のロケ地を訪ねているが、尾道とその周辺だけにとどまり、物語の転回となる熱海は素通りしている。熱海は東京から近すぎるし、観光地としても手垢にまみれているからなのだろうか。

特に笠智衆と東山千栄子の海岸における防波堤の場面は有名であるが、その前後も含め、ここで熱海について再現してみよう。幸運なことに『東京物語』の画面と台詞を千七百余点にわたって収録した『小津安二郎　東京物語』（リブロポート）も残されているからだ。その前に当時の熱海の状況を記しておこう。熱海は空襲は免れたが、昭和二十五年四月に大火災に襲われ、市の中心部はほとんど焼野原となった。だが熱海国際観光温泉文化都市建設法が国会を通過したこともあり、復興は急速度で進み、二十八年には戦前をはるかに上回るにぎわいを取り戻していた。『熱海』はそのことについて述べている。

戦後、大会社は社員の慰安のためにしばしば熱海へ団体旅行に来たものであるが、更に会社自体が寮をもつようになつたのである。一体、戦後は戦前にくらべさまざまの範囲で団体客が多くなり、市の観光政策も又、団体客を除外しては考えられないまでになつた。

これが老夫婦が赴いた熱海の背景である。長女の美容師杉村春子と長男の医師山村聡は上京した老夫婦をもてあましている。杉村が山村に三千円出してと言う。

「お父さん、お母さん、二、三日熱海へやってあげたらどうかと思うのよ。（中略）熱海でいい宿屋知ってんの。見晴らしがよくって、とっても安いの。」

「そりゃ、いいじゃないか。行ってもらおうか、そこへ。」

老夫婦は温泉や「いい宿屋」を求めて上京してきたのではない。あくまでただ子供たちに会うことを目的として東京にやってきたのだ。したがって老夫婦の熱海行は子供たちとの心の乖離を象徴し、『東京物語』の転回点となる。

波の音が聞こえ、浴衣姿の女たちがいる熱海の防波堤に続いて、二階の窓から見える海と魚見崎が映し出され、部屋の中にいる老夫婦の姿が見られる。二人は温泉に入り、夕食もすませたようなのだ。笠智衆が明日は早起きしてこの辺を歩いてみるかと言う。そして向こうに初島が浮かぶ静かな海がもう一度映し出される。

しかし夜の十一時半近くになって、女中が寿司の大皿を手にして二階に上がり、奥の部屋に持っていく。その部屋には女も含めて十数人がいて、麻雀をしている。どこかの会社の団体旅行のようだ。二卓の麻雀のうるさいやりとりと音に加え、流しの歌が聞こえてくる。最初の歌は「湯の町エレジー」、それから「燦めく銀座」に変わる。前者は昭和二十三年の最大のヒット曲、後者は戦前の映画の主題歌である。そして窓の下で三人編成の流しがギターとアコーディオンを奏で、歌っている姿が浮かび上がり、旅館の客たちがそれを二階の廊下から眺めている。「これが若さと言うものさ／楽しじゃないか」などという歌詞などが聞こえてくる。老夫婦はうるさくて眠られず、二人とも起き上がってしまう。この場面の相前後に廊下にある二人のスリッパが映り、熱海の旅館における老夫婦の孤独を告げているかのようだ。

翌朝二人は浴衣姿で防波堤に相似形に腰掛けている。笠智衆が「いやァ、こんなとこァ若いもんの来るところじゃ」と呟く。それを受けて東山千栄子が言う。

「お父さん、もう帰りたいんじゃないですか?」

「いやァ、お前じゃよ。お前が帰りたいんじゃろう。東京も見たし、熱海も見たし—もう帰るか。」

「そうですなァ。帰りますか。」


この会話の後、二人は立ち上がるが、東山千栄子はよろめき、しゃがみこんでしまう。尾道に帰って倒れ、亡くなる予兆である。帰ることが死であると告げているのだ。それからようやく立ち上がり、よく寝られなかったからだろうと言葉をかける笠智衆の後から防波堤を歩いていく。この二人の防波堤の場面の間に、旅館の朝の風景が挿入され、二人の若い女中が掃除をしながら、昨夜の新婚夫婦の悪口を言っているシーンが含まれている。そして最後にもう一度窓から見える海と魚見崎が映し出される。これで『東京物語』の熱海の部分はすべて終わる。

老夫婦の孤独な心的現象に対し、静かな海と魚見崎をはさみ、戦後早くも復興し、俗悪なまでのにぎわいを見せ、団体客や新婚旅行のメッカとなっている観光地としての熱海を見事に描き出しているといえよう。

さてここで『熱海』に戻り、若女将から教えられた壽旅館のページを開くと、二階から見た海と魚見崎の構図はそっくりだが、残念ながら欄干の前に松が三本映っていて、それだけが異なっている。ただ他の部屋から見れば、同じ風景なのかもしれないという気もする。この旅館は熱海横磯海岸にあり、部屋よりの眺望がよいとされているが、ロケされたところだと断定するまでの材料と条件はない。防波堤の場面は確実にロケであるが、旅館その他はセットの可能性も考えられるからだ。『小津安二郎　東京物語』には小津使用の台本まで収録されているので、調べてみたが、そうした事情についてのことは書きこまれていない。

そのような事情を探るために、多くの小津安二郎関係書を読み、ようやく真相らしきものをつかむことができた。それは蓮實重彦の『監督小津安二郎』（筑摩書房）に収録されているキャメラマン厚田雄春の「『東京物語』撮影記録」の中にあった。これは昭和二十八年六月十一日から十月末までのロケハンも含めたまさに「撮影記録」であり、これを読むと、『東京物語』の多くの場面が大船撮影所のセットで撮られているのである。それをステージ別に抽出してみる。『小津安二郎　東京物語』で笠智衆が語っているように、セット撮影は十朱久雄の代書屋のシーンから始まっている。

NO6ステージ—紀子のアパート、代書屋、敬三の下宿
NO2ステージ—熱海の宿
NO8ステージ—おでん屋、小料理屋、美容院

NO1ステージ―平山医院、尾道料亭
NO3ステージ―尾道平山家、鉄道構内控所、商事会社、尾道の寺本堂

尾道の小学校もナンバーの記載はないが、セット撮影となっている。厚田雄春の「撮影記録」をたどると、『東京物語』の尾道も含めて、外の風景はロケしているが、室内での物語と出来事はすべてセットで撮られていることが歴然としてくる。ここではすべてのシーンはたどれないので、熱海の場面だけでも必要な部分を追いかけてみる。

7月1日　熱海海岸ロケハン　強風ノタメ中止　中西旅館宿泊
31日　熱海々岸ロケ　旅館情景用　波ノタメ中止　阿部旅館宿泊
8月1日　阿部旅館、台風5号警報発令　曇天ノタメ待機、波高ク撮影中止　スタフ帰所
前10時40分熱海発帰路
10月15日　スタフ16時出発熱海へ　19時40分大船発　21時熱海　アベ旅館泊リ
16日　熱海ロケ　前7時30撮　海岸情景3カット　天候不良待機　14時中止
21日　熱海ロケ　曇天ノタメ中止　旅館移動　大黒屋藤の屋旅館
22日　熱海ロケ　前8時出発　アタミ防波テ　SN90　撮開9時　終了10時30分

22日の「アタミ防波テ　SN90」は老夫婦が防波堤で相似形に並び、会話をしている場面であるから、あの場面が最後に撮影されていたのだ。したがって私が再現した熱海関係の場面は大船撮影所のNO8ステージ、NO2ステージからロケに及んでいることになる。10月16日の「海岸情景カット」が旅館から見られた風景なのであろうか。確実に海と魚見崎が見える風景は旅館から撮られているはずだが、この「撮影記録」には記されていない。中西旅館など名前が記されているのは宿泊したところで、風景を撮った旅館ではないと考えられる。

結局のところ、壽旅館の可能性もあるが、残念ながらどこの旅館から撮ったかははっきり突き止めることができない。

18 『旅』と水窪

『旅』という雑誌を意識したのは十五年ほど前で、痔の手術をするために病院に二週間ばかり入院した時だった。六人部屋であったが、入院して何日かすると、向かい側のベッドに入退院を繰り返しているらしい患者が入ってきた。初めて入院した私などとちがって、病院慣れしているようで、発売されたばかりの『旅』を携えていた。旅行もままならぬ病人なので、このような雑誌を見て自らを慰めているのだろうと思った。そして高橋和巳が亡くなる数ヵ月前の病院におけるエピソードも思い出した。高橋たか子の『高橋和巳の思い出』（構想社）の中に書かれていたものだ。

高橋は「釣りとか旅とか料理とか家の、本や雑誌をまた沢山買ってきてくれと言う」。たか子夫人は『民家』の写真集、『ふるさとの味』や『フィッシング』といった雑誌を買ってくる。すると高橋はひなびた風景や古い素朴な家の佇まい、カラー写真の郷土料理、山と釣りと旅を楽しみ、喜んで見ている。文学書や哲学書よりも、高橋も病を得ると、そのような風景の中に回帰していくのかという印象を抱いた。私がこれを読んだのはまだ二十代半ばにして健康であり、その

『旅』2004年1月終刊号

『旅』1968年4月号

ような心情がわかる年齢状況にはなかった。

それからしばらくして、私も『旅』を読むようになってしまった。やはり病院での記憶が強く残っていたことも影響している。仕事が忙しく、一年中ほとんど休みなく働き、それこそあの病院の患者ではないが、旅にも出かけられないことも原因だった。私はとりわけ旅行好きでも鉄道ファンでもないが、『旅』には一種独特の風格があり、同時代の新しい雑誌と異なり、記事や写真もそれほど洗練されていないところが魅力であった。鉄道と何気ない日常のかたわらにある風景がかならず写され、この雑誌が近代の鉄道文化、及び旅とともにあり続けてきたことを示しているように思われた。いつも意図せぬ懐かしさ、消費社会の背後に潜む変哲のない風景に出会えたからだ。

その後古本屋で『旅』のバックナンバーを格

安で入手し、晩酌の肴に一冊ずつ楽しんで読んできた。すると比喩が適切であるかわからないが、この雑誌が文化的、社会的視点から見て、高級レストランではなく、といってファストフード店やファミリーレストランでもなく、いわば大衆食堂的性格の雑誌であることに気づいた。メニューが豊富で、安くておいしい大衆食堂をイメージするのが『旅』という雑誌にふさわしいと思われた。素材は鉄道と旅と風景で、料理は盛り沢山であるが、バックナンバーを通読していくと、その共通するテーマが高度成長期を起点とする日本の戦後社会の変容におかれているとわかる。

入手した『旅』のバックナンバーである昭和四十三年一月号は「変りゆく大東京」を特集している。地上三十六階の霞が関ビルの出現、高速道路の包囲によって、東京は大きく変貌しつつある。東京の高層化の始まりはこの時代からだったのだ。三十九年のオリンピックと新幹線の開通、重なり合う首都高速道路、東京都人口は千百万人を突破し、日本の工業生産は西ドイツを抜き、世界第三位になった。そしてまだ高度成長期の只中にあった。高橋和巳の盟友であった小松左京は「ニッポン・タイム・トラベル」という連載の第一回目で次のような言葉を繰り返している。

ここ数年来の、日本の国土の変り方というものは、どう考えてもただごとではない。

このような急激な変化を、いったいわれわれあたり前の人間は、どのようにうけとめたらいいのであろうか?

しかも━変化は、ここ数年来はじまったばかりであり、将来へかけてさらに急激になって行こうとしているのだ。━いったい、この変化の行きつく先は、どこだろうか?（中略）われわれをどこへ連れて行こうとしているのだろうか?

それはまだ実感できないが、全国的大規模開発プロジェクトによってもたらされるのは確実に「生ける国土」と「生ける地方」の破壊と殺戮ではないかと小松は考える。それは東京も例外ではない。時代小説家の白井喬二が消えていく江戸からつながる庶民文化を危惧し、「下町博物館をつくろう」という一文を寄せているのも、その現われであろう。つまりこの時代において、すでに現在のすべての始まりがあり、二十世紀を経て、私たちはその帰結としての風景の前に佇んでいることになる。ロードサイドビジネスに覆われた均一的な郊外消費社会、シャッターを下ろしたままでさびれてしまった商店街、主としてマンションによって高層化した建物群、これらはすべて全国共通なものとしてある。そして私たちは消費者となり、D・リースマンの言う「孤独な群衆」になった。

だが『旅』はその変化が東京だけでなく、山の中の町にも訪れてきていることを伝えてもいる。それは「第八回紀行文学賞」受賞作品、大石邦夫の「水窪の二十年」である。受賞決定はこの号に発表されているが、掲載は四十二年の十一月号である。水窪については大石邦夫の叙述を引いておこう。

南アルプスと中央アルプスにはさまれて南流する天竜川が、長野、愛知、静岡の県境にかかる時、ほぼこれに並行して支流水窪川が走る。水窪はその谷の最奥にある。

私は水窪へ行ったことはないが、それこそ天竜川の河口に住んでいるので、その地名は馴染みのものである。しかも『旅』を読む前に宮本常一の『私の日本地図1　天竜川に沿って』(同友館)を入手し、そこには「水窪のたに」と題する一章があった。

宮本の水窪行は昭和三十四年七月で、新たに開設された白川林道の経済効果を調査するためだった。佐久間ダムができて、新たに飯田線が開通していたので、彼は豊橋から佐久間を経て、水窪に入った。「水窪のたに」も他の章と同様に上が写真で、下が文章になっており、昭和三十年代の水窪の風景が白黒映画のように写し出され、文章にもまして、今となってみれば、リアルな民俗学的報告となっている。宮本自身もそれを意識し、「一見して何でもない」家や山や田や畑の写真について、「あとがき」で記している。

昭和三〇年以降の写真が主なので、(中略) 民俗学的には大して参考にならないだろうけれど、昭和三〇年の地方の人びとがどういう環境の中で生きて来たかということを知るためには重要な手がかりになり、単なる旅行案内書や地誌的な書物の写真とは大いに異っており、一つの文化的資料としては重要な価値をもっていることを確信している。なぜなら私はこうした景観や事物の中からいろいろの物を学び、物の見方を学んだのであるから。

水窪は長野県飯田から天竜川の東岸や秋葉山を経て、森町に出る秋葉街道の古くからの宿場町で、写真にはその面影が残り、いくつもの旅館の看板や大きな宿屋が写し出されている。大正時代には養蚕が盛んになり、製糸工場ができ、繭市もたったという。養蚕景気で集落が増え、水窪は発展し、さらに戦後の鉄道工事と林道開発で活気づいた。大量の木材が川を利用した管流しではなく、トラックによって搬出されるようになり、町の小中学校も立派になった。町は急速に変化した。山奥の町にも高度成長期が訪れていたのである。

宮本常一は書いている。「テレビがはいって来て、都会の姿が眼にうつるようになると、娘たちは急に山を下りはじめた」と。だが変化した町よりも、何も変わっていない古い家、古い林道にある民家、別れ道、吊橋、奥まった村などの写真が多く挿入され、これらの風景もいずれ消えていくことを暗示しているようだ。その後に起きたことを私たちは知っている。道路が整備され、車社会が進行するにつれ、山の中の町や村は人口が流出し、急激に過疎地となったことを。おそらく地方の鉄道の廃線もこのような動きと連結しているのであろう。

宮本常一の水窪行からほぼ十年後に大石邦夫が水窪を訪れ、「水窪の二十年」を記すのである。

彼にとって、水窪は父の故郷で、敗戦後の一年余りを過ごしただけだが、日を経るごとに自分の故郷になっていくという感慨に捉われ、二十年ぶりに水窪に向かった。ちょうど二十年前に浜松へと走る国鉄バスが水窪に乗り入れられ、まさにバスの時代になり、閉ざされていた町が外の世界と直接つながったのだ。戦後の復興が山の奥の町にもやってきたのである。山の町が最も晴れがましかった時代だったのではないだろうか。だからこそ、一年余りの滞在にもかかわらず、山の町が故郷として焼きつけられたのだ。大石はその一年間を水窪で送り、遠距離思慕を募らせ、まさに故郷に、それも正月に戻ってきたのだ。彼も宮本常一と同様に豊橋から飯田線に乗る。

天竜川の鉄橋を渡った佐久間のあたりから、それまでみすぼらしく退屈だった風景が、実際はちっとも変わりばえしないのだが、にわかに輝きを増し、トンネルの合い間に見えるおおいかぶさるような山々のたたずまい、杉と桧の植林、急な傾斜地に高く石垣を積んで作った段々畑、杉皮でふき石で押さえた屋根の貧しい人家、その前の穀物を干す庭、葉の落ち尽くした柿の木などが私の胸を打った。

最後のトンネルを抜けると、「二十年ぶりの私の心はおどった」。宿に泊まったが、大石は誰にも気づかれずにいた。だが大石のほうからは何人かの同級生を見つけた。宿の女主人も知っていた。外に出て、月夜平に向かう。そこは麦畑で、真ん中が墓地であり、大石の祖父もそこにいた。

墓地から平地が見え、水窪の町が並び、台地の上に小学校と町役場があった。水窪川と貯木場も見えた。かつての木馬道は車の通る林道となり、沢は崩れた土砂で埋められ、その中にコンクリートの砂防ダムができ、プロパンガスの普及で杉の下枝が払われなくなり、山が荒れ始めていた。

三日の朝、大石はなくなってしまった森林軌道の跡をたどり、押沢という地をめざした。そして彼にとって押沢が深い意味を持つトポスであることが明かされ、水窪という故郷は異なる光を当てられる。敗戦後、水窪にも疎開者や引揚者がかなり入りこみ、大石親子もそうだったのである。そして彼らは山の奥の地で、蕎麦を栽培し、昂然としたストイックな生活を送り、さらに奥にある白倉御料林の払い下げを受け、新天地を開拓しようともしていた。大石は書いている。

畑を耕し、羊を飼ってホームスパンを織り、雨の日は本を読む。それは当時の国民的規模の夢ではなかったろうか。人々は都会で暮らしてきたインテリで、水窪の生活にスムーズに適応することができなかった。自らの知識を基にして、一つの「新しい村」を作りたかったのである。

だが「夢は夢で終った」。バスの都市への直通に象徴されるように世の中が変わり始め、人々は再び都市へ戻っていった。そして大石は「もし計画が実行されていたら、悲惨な結果が待っていたろう」という年老いた父の言葉を付け加えている。あの戦後の一時期だけに夢見られた「新しい村」であるゆえに、水窪が故郷となるのだ。どこに旅をしても、冷害に打ちのめされた村々、新しい水田の造成された村々を見るたびに、「私が思い浮かべるのは、押沢の蕎麦畑と白倉国有林の幻の新しい村だった」。

しかし禁欲的な自給自足のできる農業をベースとする「新しい村」はもはやあの異常な時代にしか成立しなかった夢想なのだ。大石は十歳ほど下の少女たちにそのような土地でどのように生きていくのかと尋ねた時、山小屋か国民宿舎を建て、辺地のムードを売りこみ、それで生活していくという答が返ってきたと話している。少女たちは鋭く、観光のマーケットリサーチャーのようだ。ディスカバー・ジャパンのキャンペーンが始まるのは数年後のことだからだ。

大石のこの二十枚ほどの「水窪の二十年」には山の奥の町の知られざるエピソード、そして彼ら親子の歴史が、詳しく言及されていないが当時の「帰郷運動」が刻みこまれている。それゆえに水上勉や安岡章太郎などの選考委員たちから称賛を受け、「久しぶりの秀作」として受賞作品となったのであろう。その後、大石邦夫が文章を発表しているのかは明らかでないが、彼は「水窪の二十年」を著わすことで、自らの使命を果たしたように思われる。このような作品を応募させたことだけでも、『旅』という雑誌の一種独特の風格が理解されるであろう。

だが残念なことにＪＴＢ発行の『旅』は二〇〇四年一月号の通巻九百二十四号で終刊となる。「大正13年から79年間、有難うございました」と表紙の謝辞を最後に姿を消してしまった。終刊の理由は定かではないが、ＪＴＢの『旅』の時代が終わりを告げたということなのだろうか。

二〇〇五年四月に新潮社から新たなる『旅』が刊行されたが、こちらの『旅』はマガジンハウス的に編集されたもので、大衆食堂ではなく、高級レストランであり、まったく異なる雑誌だと断言しておこう

19 『アン・アン』とコム・デ・ギャルソン論争

昭和五十九年九月二十一日号の『アン・アン』が「知的《インテリ》してる。」という特集を組んだ。前年の浅田彰の『構造と力』（勁草書房）や中沢新一の『チベットのモーツアルト』（せりか書房）に始まるニュー・アカデミズムブームにマガジンハウスと女性誌が呼応した企画であったと言えるだろう。

アンディ・ウォーホルたちを紹介した「ニューヨークはだんぜん知的している」とかニューヨーカーやMITの学生を取材した「知的人間のおいしい生活」、あるいは「林真理子の知的ブックガイド」、「田中康夫の超頭脳知性人への招待」などは『アン・アン』の定番であるし、よく取り上げられる文化人などで意外性はないのだが、吉本隆明が登場していることにはさすがに驚かされた。ファッション女性誌と彼の組み合わせは全く予想外だったし、しかも「現代思想界をリードする吉本隆明の『ファッション』」とあったからだ。

『アン・アン』のこの号はほとんど完売したようである。だがそれでも固定の女性読者以外は実物を見ておらず、その後転載もされていないと思われるので、できるだけ詳細に紹介してみたい。私にしても『アン・アン』に吉本が出ていることを知らなかったし、発売時に購入してもいなかった。しばらく経って知り合いのブティックの女性からゆずり受けたのである。

『アン・アン』1984年9月21日号

見開き二ページにわたり、吉本隆明の二葉の写真が掲載されている。右ページは本に囲まれ、シャンデリアのついた部屋で仕事をしている姿、左ページはコム・デ・ギャルソンのジャケット、シャツ、パンツをまとい、モデルのように写っている姿があり、それぞれの写真の下に服の値段が記されている。コム・デ・ギャルソンの一式は靴やネクタイを含めて、十五万六千五百円だが、特別高価だとは思われない。私の先入観からすれば、失礼ながら吉本はまったくファッションセンスを持ち合わせていないはずだったが、照れくさそうに写っている写真を見ると、それなりに決まり、コム・デ・ギャルソンがさまになっていた。そして次のようなリードが写真の横組であった。

ねえ、「吉本隆明」て知ってる？
知る人ぞ知るインテリ界の大御所だよ。
せっかく、知的冒険してみる気なら、
やっぱり本家本元に挑戦しなくちゃ。
ちょっとぐらいわからない所があったって、
頑張って一冊読破すれば、
インテリ気分に浸れることうけあい、
まず、手始めは、この「ファッション論」から。

これを初めて目にした時、異和感がなかったというと嘘になるだろう。しかしこの時代の雰囲気はバブル前期特有の、何か新しい時代に入りつつある予感に包まれていたこと、さらに『アン・アン』の版元が講談社や集英社ではなく、その時代を敏感にキャッチし、「遊び心」をぶつけ、時代の先端に出ようとしていたマガジンハウス（旧平凡出版）に好意を持っていたこともあり、すぐに納得する気になった。『アン・アン』の編集者にしても、吉本隆明にしても、思いつきでも気紛れでもなく、時代の状況を踏まえた上での選択だと思われたからだ。

まだ娘の吉本ばななはデビューしておらず、ファッション雑誌にまったく無縁のように思われる吉本隆明を登場させても、固定の女性読者に対するインパクトはほとんどないに等しいと承知し、また吉本隆明にしても、このような雑誌に、しかもモデルもどきで姿を見せることは格好の悪口の種になるとわかっていただろうし、両者にとってもかなりの決断が必要だったであろう。ただ時代が文学や思想を通じ、ファッションを避けて通れないところに差しかかってきているというのが両者の基本的認識であり、それがこの『アン・アン』の見開き二ページにこめられたのだと思う。

吉本隆明が『アン・アン』に寄せた「ファッション」は次のように書き出されている。

つぎつぎにデザインされ、モデルたちに着こなされて、女性雑誌のグラビア・ページを飾ったり、ショー会場に公開されたりして、とどこおることを知らず、斬新さを追っているかにみえる、あのファッションとは、いったい何だろう。

そして吉本は言っている。衣裳のファッションの反対物はすべての制服、画一的な事務服や作業服で、戦争時代にはファッションが許されず、統制と管理に基づく絶対の服従を必要とする権力にとって、制服は快い象徴だった。そのために「ファッションはいわば秩序を乱す象徴として、いちばん忌み嫌われるもの」であり、「だから愉しいファッションは肯定されるべきだ」。さらにファッションについての具体的な言及部分だけ抽出してみる。ファッションの唯一の弱点は贅沢、効果、奢り、特権、あるいは絶え間ない無駄な支出というイメージと結びついてしまうことだ。

だが救いがあるとすれば、ファッションは着こなすということが前提になっているので、無限のぜいたく、無限の高価、無限の特権に走っていくとは考えられない。ファッションの本質とは反復と循環にあり、いつも人間の身体性に引き戻されるからだ。

それから「ひとは（とくに女性は）なぜファッションに身をゆだねるのか。あるいは、ひとは（とくに女性は）なぜファッションで身を飾るのか」という難問に入る。その難問に対する答として、二つの仮説が提出されている。

ひとつは人間がいつもその時代のファッション体系の中で、無意識のうちに自分の身体が最も自然で、異和感のない状態に置く均衡点を求めているからであり、もうひとつは会社に行ったり、人に会うために街に出かけたりする時、その相手、その場所や場面に調和しようとしたり、あるいは逆にその相手やその場所を異化しようとしてあるひとつの衣裳を選んでいることに求められる。そして吉本は「ファッション」を次の言葉で閉じている。

このふたつのモチーフ、いいかえれば自分じしんの身体との調和または異化、他者あるいは他者と共にいる場所や場面との調和または異化を求めて。この相反するモチーフのなかにファッションに身をゆだねる理由がありそうにおもえる。このばあい女性は（女性的なものは）とくに身体感覚において鋭敏なのだ。

もちろん異論もあるが、吉本はよく難問のとば口に至っていると思う。この時代に発せられたファッションに対する言葉として、その二年前に発表されたファッションモデルをヒロインとする田中康夫の『ブリリアントな午後』(河出書房新社)と充分に拮抗している。なおこの「ファッション」は多少修正され、『重層的な非決定へ』(大和書房)に収録されているが、引用は『アン・アン』初出からとした。

しかしこの『アン・アン』の「現代思想界をリードする吉本隆明の『ファッション』」はそれだけで終わらなかった。なぜならば、前史があったからである。

昭和五十六年十二月に中野孝次たちによって「反核」の「署名についてのお願い」が出され、翌年になって『文芸』三月号に「核戦争の危機を訴える文学者の声明」が掲載された。両文の主旨はレーガン政権発足以来、軍備増強論が高まり、核戦争の危機が迫り、ヨーロッパでも反核、平和運動が拡がっている。核戦争の危機は日本も例外でないので、世界で最初にして唯一の被爆体験を持っている私たちが核兵器全廃を文学者として主張すべきだ。だから「日本の文学者の核戦争に反対する声を集め、核兵器全廃への私たちの強い願いを表明したい」というものだった。それに対して、五百人以上の文学者の署名がなされ、三十五万人を集めた集会が開かれ、千数百万人の市民が署名に加わったのである。

吉本隆明はこの反核運動に猛然と反発した。「正義」をかざし、文壇をすべて含み、批判を許さない反核声明は旧左翼と文壇が一体となった社会ファシズム、戦時中の文学報国会の裏返しであり、それはアメリカを非難しているだけで、ソ連に向けられていない。ソ連によるアフガニスタン侵略、ポーランドの弾圧を隠蔽する機能を果たしている。だからこそ、反核声明の中に現在の退廃と停滞が象徴的に露出していることになる。それを弾劾するために吉本は昭和五十七年に『「反核」異論』（深夜叢書社）を刊行する一方で、高度資本主義消費社会という新しい現在の実像を求め、文学からサブカルチャーまで含めた『マス・イメージ論』（福武書店）を五十九年に提出したのである。そして同時期に反核声明に加わった大岡昇平と埴谷雄高の対談集『二つの同時代史』（岩波書店）が出された。

同書を読んだ吉本は事実誤認があるので、『試行』六三号の「情況への発言」で反論し、埴谷と大岡、及び岩波書店に訂正を申し入れる手紙を出した。それを受けて、埴谷は昭和六十年二月号の『海燕』に「政治と文学と―吉本隆明への手紙」を発表する。

埴谷は言う。ソ連の動向を巡る「世界史の中心の構造的変化」は「すべての権力をソヴェトへ」と望んだクロンシュタットの水兵、兵士や労働者たちを弾圧、虐殺した一九二一年の三月から始まり、それがソルジェニーツィンの『収容所列島』に結びつき、「現在」につながっている。「思想」はその時点から現在を経て、さらに未来を透視し、全体像を把握しようとする努力の持続であり、「現在」のみを述べても何も始まらない。そして埴谷はそのクロンシュタットの反乱の敗北について、資料を引用し、モンタージュ的にそれを再現する。その後で反核運動は自由な文学的視点を有するもので、同一理念を持つ組織や運動体でもスターリン主義でもなく、自分の立場はクロンシュタットの理念に基づいていると言っているように思える。

埴谷の発言に対して、吉本は同誌三月号で「政治なんてものはない」という「埴谷雄高への返信」で応じる。吉本は言う。反核運動が「お願い」と「声明」のもとに結集し、発起人も賛成者もそれらを承認したかぎり、それは同一理念を持つ運動体と見なされるのは当然ではないか。さらに「お願い」や「声明」もアメリカに対してであり、ソ連に向けられていない。かつて埴谷は「永久革命者の悲哀」(『鞭と独楽』所収、未来社)で、レーニン―スターリン主義の責任を弾劾した。それなのに理念を忘れ、ソフトなレーニン―スターリン主義の軍拡に寄与するような運動体に参画している。クロンシュタットの反乱を持ち出されても、それは単純化すれば、ボルシェヴィキ理念とアナキズム理念の対立、一九二〇年代のロシア政治革命の一場面であり、「現在」のもとでは無意味に近い。それに「世界史の中心の構造的変化」はファシズムと同じ国家社会主義のヴァリエーションの問題として解くべきである。

そして吉本は書く。


私は「革命」の主要な課題は、すでに先進資本主義体制の世界史的な「現在」と「未来」の在り方の問題に移ったと考えております。そして世界の先進資本主義体制下の賃労働者とその階級が、生活水準、思想的自由度、生活技術の水準で、ソヴィエト・ロシアの労働者の階級を超えてしまった地域から、つぎつぎにレーニン―スターリン主義の政治的意味は無化されてゆくだろうと考えております。

私の考察している「現在」の課題は貴方のこの循環の内部には存在しません。「革命」とは「現在」の市民社会の内部に膨大な質量でせり上ってきた消費としての賃労働者（階級）の大衆的理念が、いかにして生産労働としての自己階級と自己階級の理念（およびそれを収奪している理念と現実の権力―その権力が保守党であれ革新等であれ―）を超えてゆくか、という課題だと考えております。

そして吉本はレーニンにも詳細に言及し、埴谷と自分の立場のちがいを論じているが、それは省略する。

さてこの吉本の返信に対して、埴谷は『海燕』四月号に、「政治と文学と・補足―吉本隆明への最後の手紙」を寄せる。埴谷は吉本を受けてレーニンから始めているが、もはや蛇足の感が強い。さらに反核運動の弁護も同様である。そして最後に埴谷は吉本の『アン・アン』登場に対し、「苦言呈示」する。埴谷は一編集者から雑誌をもらい、左ページの写真に衝撃を受けたと記し、次のように書いている。

あなたは、六二、〇〇〇円のレーヨンツイードのジャケット、一二九、〇〇〇円のレーヨンシャツ、二五、〇〇〇円のパンツ、一八、〇〇〇円のカーディガン、五、五〇〇円のシルクのタイ、を身につけ、そして足許は見えませんけれど、三五、〇〇〇円の靴をはいています。このような「ぶったくり商品」のCM画像に、「現代思想界をリードする吉本隆明」がなってくれることに、吾国の高度資本主義は、まことに「後光」が射す思いを懐いたことでしょう。

吾国の資本主義は、朝鮮戦争とヴェトナム戦争の血の上に、「火事場泥棒」のボロ儲けを重ねに重ねたあげく、高度な技術と設備を整えて、つぎには、「ぶったくり商品」の「進出」によって「収奪」を積みあげに積みあげる高度成長なるものをとげました。

そして埴谷はテレビでタイの青年が日本を悪魔と呼んだと書き、何の脈絡もなく、吉本に向かってとんでもない発言をしている。

あなた自身は「米ソ両核体制を根底的に否定」する少数の文学者のひとりだと自己規定していますが、アメリカの世界核戦略のアジアにおける強力な支柱である吾国の「ぶったくり高度資本主義」のためにつくしているあなたのCM画像を眺めたタイの青年は、あなたを指して、「アメリカの悪魔の仲間の日本の悪魔」と躊躇なくいうに違いありません。

何という無惨な物言いであろうか。まさにデマゴギイでしかないし、コム・デ・ギャルソンをまとっている日本人はすべて悪魔だと言っているに等しい。ファッションによりそうのは悪と決めつけているのだ。吉本は「重層的な非決定へ」という「埴谷雄高の『苦言』への批判」で、悲しげに書いている。

あの「永久革命者の悲哀」を書き、長篇『死霊』を書き継いできた昔日の埴谷雄高が、こうまで衰弱してかつて自らが弾劾し、離脱したはずのスターリン主義の軌道に、失速しながら陥ち込んでゆく姿のようにみえます。

そして吉本は埴谷の錯誤、偏見、視線の卑しさ、デマゴギイを明らかにしてしりぞけ、『アン・アン』の読者やコム・デ・ギャルソンを擁護する。「現在」において反動なのは埴谷たちであるからだ。その詳細は委をきわめ、埴谷の老年の無残さを照らし出している。吉本に言及される埴谷の姿は本当に痛々しいので、これ以上触れることはよそう。

だが今になって思えば、この『アン・アン』と埴谷の老醜をさらしたコム・デ・ギャルソン論争は迫りつつあったソ連邦の解体を予告していたのかもしれない。最後に二人の論争文に関して言えば、埴谷は『ラインの白い霧とアクロポリスの円柱』（福武書店）、吉本は『重層的な非決定へ』（大和書房）に収録している。

20　近代文学と近代出版流通システム

1　出版業界の危機の構造

一九九〇年代初頭のバブル経済崩壊後、出版社・取次・書店というインフラで形成されている出版界も他産業と同様に、かつてない不況に見舞われています。九〇年代後半になってその状況はますます深刻化し、出版物総売上高は九七年から四年連続してマイナス成長となり、これは戦後の出版業界が経験したことのない危機だといっていいでしょう。具体的に申しますと、九七年の二兆六三七四億円から二〇〇〇年には二兆三九六六億円と、二四〇八億円も減少しています。文芸書の売上シェアが出版物総売上の一〇%だとしますと、それに匹敵する金額が、ここ四年間で消えてしまったことになります。この事実は九〇年代後半になって、本が加速して売れなくなっていったことを示していますし、特にそれは人文社会書の中小出版社を直撃しています。

こうした出版不況を背景にして、出版社の倒産が相次いで起きています。国文学と近代文学の関連でいえば、「有朋堂文庫」の有朋堂、「日本文学研究資料叢書」や前田愛の『近代読者の成立』

の有精堂、文芸書や個人全集の小沢書店が倒産しました。いずれもが、それなりの歴史をもった中堅出版社であり、有朋堂は明治三四年、有精堂は大正四年に創業しています。

倒産は出版社ばかりでなく、取次にまで及んでいまして、柳原書店、北隆館といった、これまた歴史のある中堅取次が倒産しました。それから、二大取次のうちの日販（日本出版販売）が創業以来の赤字となったのも昨年のことでした。しかし、現在の出版不況の何よりの特徴は、書店の廃業、倒産でありまして、九五年以後何とそれは七千五百店という膨大な数になります。

これまでの出版不況は、七〇年代の三省堂や筑摩書房の倒産といったように、出版社の倒産として表出していましたが、今回の出版不況は出版社、取次、書店という全分野で起きているのです。これらの事実は委託制と再販制という護送船団方式で営まれてきた近代出版流通システムの破綻を意味していますし、クラッシュの過程に入っていると断言してもいいと思います。広告収入のある雑誌は別にしまして、書籍部門は大手出版社ですら赤字になっています。そのなかでも、特に人文社会書の出版は非常に困難な状況に追いこまれている。一例をあげますと、十年前には初版三千部を刷れたのが、現在では千五百部といった状態です。ＤＰＴ等による印刷コストの削減がありましたので、何とかやってきたわけですが、それも限界に近づいてきています。

どうしてこのような状況になったのか、それは八〇年代から急速に始まった書店市場の膨張に起因し、この膨張が流通システムの根幹である委託制と再販制のメカニズムを逆手にとってなされたことに繋っていきます。たとえば、一九七六年の書店状況は次のようなものでした。

書店在庫　千百億円
書店坪数　三一万坪
書店売上　八千億円

ところが、一九九七年には、

書店在庫　五千四百億円
書店坪数　九六万坪
書店売上　一兆八千億円

となり、在庫は五倍、坪数は三倍になっていますが、売上は二倍強でしかありません。しかしこの二倍強の数字ですが、出版物の定価値上げや年中無休、深夜営業といった書店の営業時間の延長等を考えますと、二〇年前と比較して在庫と坪数の膨張のわりには横ばいとみたほうがよいのではないかと思われます。このことは八〇年代以後の書店市場が商品回転率、利益率を低下させながら、バブル的に膨張してきたことを意味しています。

この書店のバブル的膨張はそれまでの書店地図を解体するようなかたちで進行しました。従来の書店は商店街に位置し、明治後半からの本と読者のインフラでした。しかし八〇年代になって駐車場のある郊外型書店が主流となり、そのことによって商店街の書店は次々と廃業、倒産に追いこまれました。この時代から一万店以上の郊外型書店が出店し、一万店以上の商店街の書店が消滅したと推測されます。この書店の商店街から郊外への転換は、単に場所の移動だけでなく、顧客を読者から消費者へと転回させていきました。

そして同時に起きたのは、郊外型書店での店員のパート、アルバイト化です。つまり商店街の書店ではそれなりに蓄積されていた本に関する専門的な知識や読者の把握が解体され、雑誌、コミック、文庫を主流として、取次の自動配本とベストセラーの仕入れだけにベースをおいて、棚が構成されるようになりました。その結果、画一的、均一的な書店が全国の郊外に出現し、小部数の人文社会書は排除されてしまいました。これらの郊外型書店の出店方式や開店商品の調達方法も、非常にバブル的要素を孕んでいますが、それらはやや専門的な話になりますので、省略させて頂きます。

こうした書店市場のバブル的膨張とパラレルに出版社はひたすら新刊点数を増加させてきました。それは次のようになります。

七五年　二万二千点
八五年　三万六千点

九七年　六万五千点

二〇年前に比べて三倍以上になっています。新刊点数の増加と比例して、返品率も増加しています。七五年には三〇％であったのが、九七年には四〇％に達しました。しかしこの四〇％は平均ですので、七〇％、八〇％返品の書籍も無数にあるわけです。ここ二〇年間読者人口は減少しているにもかかわらず、新刊点数だけが増えていることになりますから、これもまた出版社によるバブル的新刊発行ですし、粗製濫造を繰り返してきたことになります。これはひとえに売上の減少、返品率の増加を新刊点数を多く出してカバーするという発想でなされたものであり、そのことによって出版社は自らの首をしめ、倒産という事態になるわけです。

さて次に、この出版社と書店の中間に位置する取次はどうなっているかということになります。九〇年代に取次は膨張した書店市場に対して、売掛金を急増させています。九七年の二大取次であるトーハン、日販の売掛金は三千七百億円で、五年間で三〇％増加しています。これを定価に換算しますと五千億円であり、取次全体では六千億円以上の売掛金があるのではないかと推測されます。それに対して書店市場の在庫は、先ほどお話ししましたように、五千四百億円です。ところがこの数字のなかには、古書店在庫の六百億円が含まれていますので、それをマイナスすると四千八百億円になります。したがって書店在庫より、取次の売掛金の方が多いという逆ザヤ現象が起きている。この取次の売掛金と書店市場の差額は不良債権とみなしていいと思います。こうした私の指摘に対して、取次は沈黙を守っていますが、事実だと認めているようです。

これは八〇年代以降の書店市場が商品代金支払いを先送りしながら膨張していったということを示しています。この先送りのメカニズムも委託制と再販制を利用してなされたものであり、この事実は一世紀前に始まった出版社・取次・書店という近代出版流通システムと昭和初期にスタートしたと考えられる委託制、それから戦後導入された根拠不在の再販制という護送船団方式の終焉を告げているのではないでしょうか。そしてそれらの危機的状況を直視することなく、問題を先送りさせて延命を図っていることが、現在の出版業界の危機の根幹です。さらに八〇年代以後の出版業界の大量生産、大量消費の出版物は大量廃棄となって表出し、ブックオフに代表される新古本産業の出現と九〇年代における急成長となって、書店だけでなく、出版社や取次にも影響が出始めています。しかし新古本産業も八〇年代以降の出版業界が生み出したあだ花なのです。

2　作者・出版社・取次・書店・読者という視点で出版業界と近代文学を捉えなおす

私のところも例外でなく、九〇年代後半から切実な経営危機に襲われてきました。新聞書評にのっても本がまったく売れない。返品率も上がるばかりで、九〇年代前半は一〇％であったのが、五〇％を超えるようになりました。同業他社も同じ状態であり、それが何に起因しているのか、真剣に考えざるをえませんでした。

そして委託制と再販制に基づく出版社・取次・書店という近代出版流通システムが終焉を迎えているのではないか、そう考えて現在が終焉の時期であれば、始まりはどうであったのかを出版業界の歴史をたどり直して考察した結果、出版に対する自らのパラダイムが誤っていたのではないかといった苦い認識に至りました。

それをこれからお話してみるつもりです。その前に一言申しそえておきますと、九〇年代になってから日本近代史の再勉強と明治文学の読み直しをやっておりまして、そうした背景と出版社経営の体験とが重なっております。日本の近代出版業界の始まりから現在までをお話しますと一日がかりになってしまいますので、今回は駆け足で、明治における出版業界の始まりから昭和初期の円本時代まで何とかこぎつけようと考えています。

まず私たちはこれまで出版をやっていながら、研究者の方々と同様に、

作者（作品）・出版社（編集）・読者

という視点で本のことを考えてきたのではないかという反省がありました。なぜそうであったかと考えますと、出版社に関する本は多くが編集者の側から書かれ、そのことによって出版は語られていても、出版業界は描かれていなかった。そのために出版業界を誤って理解していたので

はないか。そうではなく、

作者・出版社（生産）・取次（流通）・書店（販売）・読者（読者層）

という近代出版流通システムの全体を考えなければならない。なぜならば作者も作品もこの近代出版流通システムから自由であったことはないからです。日本の近代文学史もまたこの近代出版流通システムとともに営まれてきましたし、近代文学の誕生と出版社・取次・書店という近代出版流通システムの出発は軌を一にしているのです。

しかしこの近代出版流通システムの研究はこれまで本格的になされていないといっていいでしょう。近代文学の最大のデータベースである『日本近代文学大事典』にしても、出版社に割かれているのは、わずか十数ページであり、取次や書店に関しては項目すらありません。実際に工作者の経営者で、戦前の出版業界に詳しく、『私の岩波物語』（文藝春秋）という優れた出版史の著者である山本夏彦は、『完本文語文』（同）のなかで、後述します大倉書店にふれ、「これだけの本屋なのに文学事典には出ていない。出ていてもお座なりである。文学事典は出版社につめたい」と書いています。それは文学史も同様です。山本夏彦の言葉に示されているように、欧米に比べて日本の流通を含めた出版研究は著しく立ち遅れていると思われます。近代の作家たちも出版社は身近な存在でしたし、多くの作家たちが出版社を経営したり、編集者であったのにもかかわらず、フランスの一九世紀の出版業界をテーマにしたバルザックの『幻滅』のような作品を残しておりません。

それから近代出版史の基本的な資料の圧倒的な不足です。戦前の大出版社であった博文館と改造社ですら、その全刊行物が何であったのか現在でも不明のままです。数年前、古書店の石神井書林を営む内堀弘によって『ボン書店の幻』（白地社）が書かれ、ボン書店が何であったのかその輪郭が初めて提出されましたが、近代文学史に残る名著を出版した無数の出版社の全貌はいまだに出版史の闇のなかに埋もれています。しかしこれは確信をもっていうことができますが、作家が作品を生みだすのと同様のドラマがそれぞれの出版社にあったと思います。

それらの出版社については、この「近代文学史年表」をご覧下さい。これはほるぷ出版（ここも倒産しました）の『名著複刻全集近代文学館―作品解題』所収のもので、作品毎に刊行出版社が記載されています。ほとんどの文学史年表には出版社名は表記されていませんが、これは複刻ということで丁寧に出版社名が記されています。明治元年から昭和二〇年までですが、現在まで存続している出版社は十指にみたず、近代文学の名著の大部分が消滅してしまった小出版社を中心にして刊行されていることになります。ちなみに講談社、小学館は一冊もなく、この二社は文学全集を出しているにもかかわらず、戦前においては、近代文学にはほとんど貢献していないことがわかります。したがって、近代文学史はこれらの小出版社によって支えられてきたことが歴然としています。これらの出版社が誰によって創業されたのか、いつ廃業・倒産したのか、何を出版し、その流通、販売はどうなっていたのかということは不明のままです。

出版社の社史は多く刊行されていますが、それらは勝者としての出版社のものであり、敗者からみた出版史は書かれていないのです。さらに流通の根幹である取次に関しても資料も少なく、研究もなされていない。取次人として栗田確也が『私の人生』（栗田書店）、取次人から誠文堂新光社（ここも数年前、営業権を他社に譲渡しました）の経営者になった小川菊松が『出版興亡五十年』（誠文堂新光社）を始めとする著作を残していますが、この二人にしても出版業界に入ったのは、明治末期ですから、それ以前の時代に関しては伝聞を基にしています。それから戦前の取次のキイ・パーソンである東京堂の大野孫平は一冊の著書も残しておらず、晩年の昭和三九年に出版された講談社の橋本求の『日本出版販売史』（講談社）のなかでの発言と回想だけにとどまっています。この『日本出版販売史』は唯一のまとまった出版流通システムの歴史と販売の資料であるのですが、長い間絶版のままとなっています。また同様の基礎文献としての『日本出版百年史年表』（日本書籍出版協会）も絶版の状態にあります。

3　明治二〇年代の出版社・取次・書店という近代出版流通システムの誕生と雑誌の時代

それならばどのようにして、作者・出版社・取次・書店・読者という連環の誕生と推移を探っていくのかということになりますが、これらの資料のほかに、各種の出版社社史、文学作品にみる出版社や書店の風景、文学者の回想、それぞれの時代の出版物等から、パッチワーク的に描いていくことしかないように思われますし、一種の裏目読みが必要とされます。

この「日本出版販売史略年表」は、『日本出版販売史』の巻末に所収のもので、コンパクトで、要所をおさえたとてもよいチャートです。出版社の創業、雑誌の創刊、文学作品の刊行の背後で、出版流通、販売がどのように推移して行ったかがわかります。残念ながら昭和三〇年代までですが、明治二〇年代の博文館から始まり、明治後半から大正時代にかけて、現在の大手、中堅出版社が創業されています。そしてそれらの出版社の創業する以前に取次が誕生しているのがわかります。明治二〇年代の五大取次と、その創業年は次のようです。

良明堂　明治一一年
東海堂　〃一九年
上田屋　〃二〇年
東京堂　〃二四年
北隆館　〃二四年

良明堂、東海堂、北隆館はいずれもが新聞の取次からスタートしています。ですから実際に雑誌、書籍の取次となっていくのは明治二〇年代になってからだと考えていいと思います。これらの取次の創業とパラレルに様々な雑誌が創刊され、明治二〇年代は雑誌の時代となります。主だった雑誌をあげてみます。

明治一八年　『我楽多文庫』『女学雑誌』
〃二〇年　『国民之友』『日本大家論集』
〃二一年　『日本人』（のちの『日本及日本人』）『都の花』『風俗画報』
〃二二年　『しがらみ草紙』『小国民』
〃二四年　『早稲田文学』
〃二六年　『文学界』
〃二七年　『日清戦争実話』
〃二八年　『太陽』『少年世界』『文芸倶楽部』

これらの雑誌は明治二〇年前後に相次いで創業された近代出版社である博文館、民友社、政教社、春陽堂等によって創刊され、創業者はほとんどが地方出身者でした。そうした意味で、村上一郎が『岩波茂雄』（砂子屋書房）のなかでいっているように、「出版界の歴史は、地方出身者が、江戸以来の町人文化を代表する版元を追い越していった歴史」の始まりでもありました。またそれは出版社ばかりでなく、取次も同様でした。

4　明治前期の出版業界――教科書・学習参考書の読者層の出現

このように明治二〇年代になって、雑誌の時代が立ち上がるとともに、出版社・取次・書店という近代出版流通システムが誕生するわけですが、それ以前の明治前半の出版業界はどうであったのか、順序が逆になりますが、押さえておきましょう。

明治前半において、出版流通システムは江戸期からの書林組合の流れをうけ、生産、流通、販売は分業化しておらず、出版社、取次、新刊、古本屋、貸本店、絵草紙店が兼業されていました。福沢諭吉を例にとれば、作者もまた兼業であったといえます。こうした状況を背景にして、時代の進行とともに本の形態は和本から洋本へ、印刷技術は木版から活版へと移行し、それらのイノベーションによって、近世と比較して格段に大量部数の発行が可能になっていく、それが明治前半だと考えられます。

しかし、この時代の出版業界に関する文献は少なく、田山花袋の『東京の三十年』や内田魯庵の出版随筆なども参考になりますが、東京の出版社、取次の人間による記録は断片的なものにとどまっています。唯一、これは東京の記録ではありませんが、三木佐助の明治前半の大阪の出版業界を生きた『玉淵叢話』という自伝があります。これは明治三五年に出版されたものですが、昭和五二年に『明治出版史話』として、ゆまに書房から複刻されています。この本を参考にして明治前半の近代出版流通システムの誕生までの前史をラフスケッチしてみます。

三木佐助は嘉永五年生まれで、安政六年に大阪の河内屋という書店に奉公に出ます。ここは前述しました取次の柳原書店グループのひとつで近世の書林、書肆でした。三木佐助が奉公した当時の河内屋は貸本屋が専業で、赤本屋も兼ねていました。それが明治の始まりと同時に、新、古本の小売業となり、木版の詩作などの雑書も出版するようになります。さらに日本版の漢書、日本に入っていた支那版の唐本、法帖類を清国へと輸出することで資金を貯えます。明治の初期には藩校の閉館等があり、この種の本が驚くほど安く、放出されたのに目をつけ、全国出張して買い求めています。そして本格的に小、中学校の教科書、学習参考書を主とする出版に乗り出し、自ら語るところによれば、「元の貸本屋、赤本屋が教育書店となりました」。さらに明治二十三年には東京での大日本図書という教科書会社の設立に参加することになります。

こうして河内屋の三木佐助の幕末から明治前半にかけての軌跡をみますと、近世の書林、書肆が明治の到来とともにどのように変身していったかわかります。そして教科書出版社に至る過程で発見されたのが、これまで存在していなかった明治五年の学制公布によって発生していく学生層でありました。文部省の『学制五十年史』に示された数字によれば、小学生の数は明治六年には一一五万人であったのが、二〇年には二七一万人、三〇年には四〇〇万人に達しています。つまりこれらの小学生はまず読者層として発見され、明治一〇年には彼らを対象とした教科書出版が盛んになる。教科書出版の金港堂の創業も明治八年ですから、この時代に教科書流通システムが整備され始め、教科書をベースにして各県に有力書店が創業、成長していったと考えられます。そしてそれらの地方の有力書店は出版社、取次、書店を兼業していた。このルートを通じて、本屋や雑誌が全国的に流通するようになったのではないでしょうか。したがってこれが出版社・取次・書店という近代出版流通システムの前史ということになります。

では、この当時の流通や販売条件はどうなっていたかと申しますと、「本替」といったシステムによっていたようです。これについては様々な証言がありますが、清水文吉の『本は流れる』（日本エディタースクール）の一節を引用します。

> 例をあげると東京版元の主取引先は大阪、京都の書物問屋兼業の版元で、たとえば大阪版元から合計額百円の商品を送れというと、原価で（まだ定価表示はなかった）百円程度の本を見計らって送る。大阪版元もまた関西版の商品を原価百円程度を見計らって送り、双方は商品の取り替えっこをし、過不足は足し本として後で清算する、という方法である。

こうした「本替」的な直取引は、博文館も継承していたようで、坪谷善四郎の『大橋佐平翁伝』（栗田書店）のなかに、大橋佐平の「ただ薄利多売を主義とし、且つ常に売掛機関を尊重し、例えば地方の売捌店から百円の金を送って来れば、直ちに百四五十円の品を送っておる。故に地方へは一たびも集金者をださねど、送金はきわめて正確である」との弁をのせています。しかしこうした取引は博文館だから可能なのであって、現実的にはそうばかりではなかったようです。『新潮社七十年』によれば、新潮社の前身である新声社はこうした取引による代金回収がうまくいかず、明治三六年に行きづまってしまい、新声社を譲渡する破目になります。近代出版流通システムが確立されたと考えられる明治三〇年代になっても、この新潮社のエピソードからわかるように、雑誌は『新声』だけで、書籍の比重の高い小出版社が、安定した取次・書店という流通システムに充分に参入できなかったことを示しています。

これまでみてきましたように、日本の近代出版業界は教科書の出版から始まったのです。それは学生という膨大な読者層の出現にターゲットを当てたものであり、読者ではなく、読者層との出会いでした。福沢諭吉の『学問のすすめ』や中村正直訳の『西国立志編』のベストセラー化も教科書としての採用に多くを負っています。したがって近代出版業界の始まりは、文芸書でも思想書でもなく、教科書なのです。文芸出版社と考えられている春陽堂も多くの教科書を出版しており、新潮社も講義録によってスタートし、他の出版社も例外ではありません。

そして明治一〇年代に教科書出版によって資本蓄積を果たした出版社が、新しい読者層をめざして、各種の雑誌を発行するようになる。その読者層は「国民」や「日本人」、「婦人」や「少年」「少女」として発見されます。同時期に雑誌の大取次が誕生してくる。この事実は、日本の取次のシステムが定期的に刊行され、一定の売上がみこめる雑誌をベースにして立ち上がってきたことを示しています。そして、雑誌を中心にした出版社・取次・書店という近代出版流通システムの原型が作られ、それは教科書の流通システムと交差しながら、鉄道による全国交通網の整備とともに、全国的に展開されていったのです。絵草紙屋といった近世書店が退場し、近代書店が出現する時代となったのであります。それを小林善八は『日本出版文化史』（日本出版文化史刊行会）のなかで、山本笑月の『明治世相百話』（中公文庫）を採用し、次のように述べています。

絵双紙屋、江戸以来の東みやげ、極彩色の武者絵や似顔絵、乃至は双方、千代紙、切組画などを店頭に掲げ、草双紙、読本類を並べて、表には地本絵草紙と書いた行燈形の看板を置き、江戸気分を漂はした店構へが明治時代には市中に到る所に見られたが、絵葉書の流行に追われて明治中頃三十年代頃から見えなくなった。

この『日本出版文化史』は昭和一三年に初めて日本で刊行された出版の綜合的研究ですが、著者の言葉によれば、「草創より現代に至る出版史の絶無である」ということから執筆されています。この言葉は明治二〇年代からすでに半世紀が過ぎていたのにもかかわらず、出版史は書かれていなかったことを示しています。小林善八は大正時代に文芸社という出版社を経営し、『文芸』を発行し、多くの文芸書を出版していたようですが、それらが何であったのか不明です。特に『文芸』は、改造社、河出書房版の前身であったのではないかと推測されますが、この雑誌の内容もまたわかっておりません。小林善八の名前は、出版者や出版物ではなく、この本の著者として残り、前田愛は『近代読者の成立』(有精堂)の資料として使っていますし、引用した部分は『近代読者の成立』の背景となっていると思われます。小林善八は絵葉書云々と書いておりますが、絵双紙屋の退場は、出版社(生産)、取次(流通)、書店(販売)という分業化が明治中頃から整備され始めたことを告げています。そうした流れを受けて、明治二〇年に東京書籍出版営業者組合、二七年に東京雑誌売捌営業者組合が結成されています。

5　硯友社『我楽多文庫』の流通、販売の推移

こうした出版業界の流通インフラの整備とパラレルに日本の近代文学も誕生しています。近代文学の成立は、明治一八年から一九年にかけての坪内逍遥の『当世書生気質』と『小説神髄』、二〇年の二葉亭四迷の『浮雲』によると文学史には記述されています。これらの本の流通については『出版社と書店はいかにして消えていくか』(論創社)で言及しましたので、ここでは硯友社の『我楽多文庫』についてふれてみたいと思います。

はからずも、『我楽多文庫』もまた流通インフラの変化と成長とともに歩んだのであり、その創刊が明治一八年であったことはかなり重要なことです。もし三年早ければ、『我楽多文庫』は文学史において意味が異なり、尾崎紅葉を始めとするその後の硯友社同人の文学活動もありえか

ったかもしれないのです。『我楽多文庫』の刊行とほぼ同時に博文館などの近代出版社が創業され、それらの出版社に硯友社の人脈は流れこんでいきます。たとえば、博文館において硯友社の同人たちが重要な役割を果たしたのは周知の事実であり、大橋乙羽、巌谷小波、山田美妙、江見水蔭、石橋思案、広津柳浪等、硯友社の同人たちを抜きにして博文館は語れないと思います。明治二〇年代に続々と創刊された文芸誌もまた『我楽多文庫』をモデルにして出発したのではないでしょうか。

『我楽多文庫』は、一号から八号までが筆写本、九号から一六号が活字本となり、非売品で同人たちの間で回覧されていたといいます。筆写本の一号から八号までは勝本清一郎が所有していたといわれていますが、現在はどこに所蔵されているのでしょうか。活字本の九号から一六号まではゆまに書房から複刻がでています。『我楽多文庫』は明治二一年五月から活字公売本となり、二二年二月まで月二回のペースで一六号まで刊行されます。この活字公売本の全一六冊は昭和二年に梅原北明の文芸市場社から複刻されていますので、それを参照しまして、『我楽多文庫』の流通、販売の推移を追ってみたいと思います。

梅原北明は出版史において特異な人物で、エロ・グロ出版で有名ですが、このような貴重な複刻出版も手がけていたのです。しかしその文芸市場社の全貌も明らかになっておりません。それにしても梅原北明の文芸市場社とは、昭和初期の出版業界の一面を示しているかのようなネーミングです。円本の文学全集が何十万部も売れて、文芸が市場になったことに対して皮肉をこめて

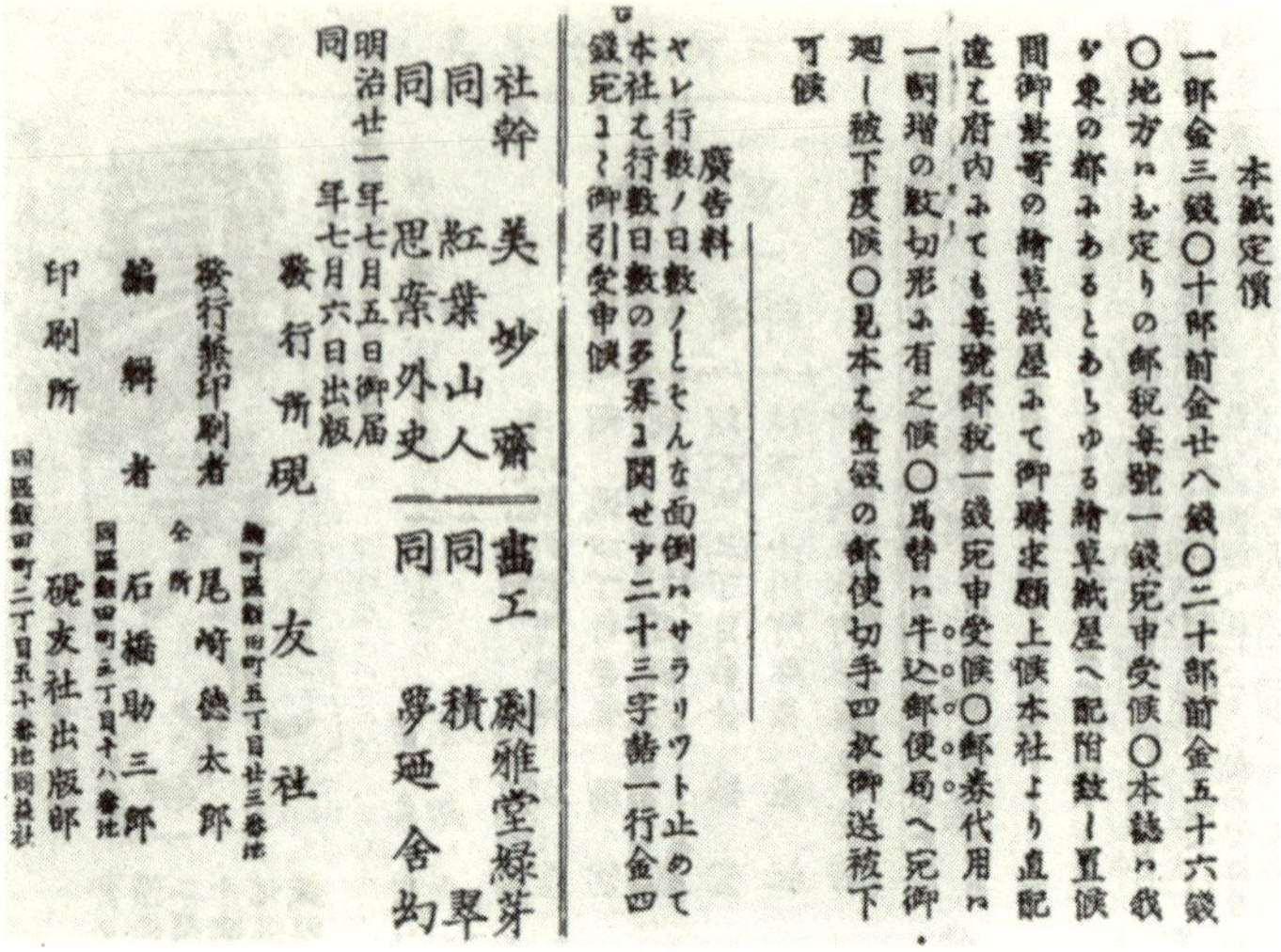

本誌定價

一部金三錢〇十部前金廿八錢〇二十部前金五十六錢〇地方ハ右定りの郵税毎號一錢宛申受候〇本誌ハ我が東の都にあるとあらゆる繪草紙屋へ配附致し置候間御最寄の繪草紙屋にて御購求願上候本社より直配達え府内にても毎號郵税一錢宛申受候〇郵券代用ハ一割増の事切形に有之候〇爲替ハ牛込郵便局へ宛御廻し被下度候〇見本え壹錢の郵便切手四枚御送被下可候

廣告料

ヤレ行數ノ日數ノとそんな面倒ハサラリワト止めて本社え行數日數の多寡ニ関せず二十三字詰一行金四錢宛ニて御引受申候

社幹　美妙齋　畫工　劍雅堂緑芽

同　紅葉山人　同　積翠

同　思案外史　同　夢迺舎匂

明治廿一年七月五日御届

同　年七月六日出版

發行所　硯友社

發行兼印刷者　麹町區飯田町五丁目廿三番地　尾崎德太郎

編輯者　仝所　石橋助三郎

印刷所　同區飯田町二丁目五十番地同益社　硯友社出版部

【資料１】

命名されたのかもしれません。この『我楽多文庫』の複刻ですら、文芸市場社といいながら五百部しか作っていないわけですから。

話を『我楽多文庫』に戻しますと、活字公売本の『我楽多文庫』は四六倍判で、一号から九号までは表紙がありませんが、一〇号からは表紙がつき、パンフレットから現在の雑誌のイメージへと変化しています。公売本ですから、どのように流通、販売されていたのでしょうか。【資料１】をご覧下さい。

これは三号の奥付でここに、「本誌は我が東の都にあるとあらゆる絵草紙屋へ配附致し置候間最寄の絵草紙屋にて御請求願上候」とありますから、東京の絵草紙屋で販売されていたことになります。それから地方の読者には通信販売していたことがわかります。発行所は硯友社ですから、硯友社・絵草紙屋とい

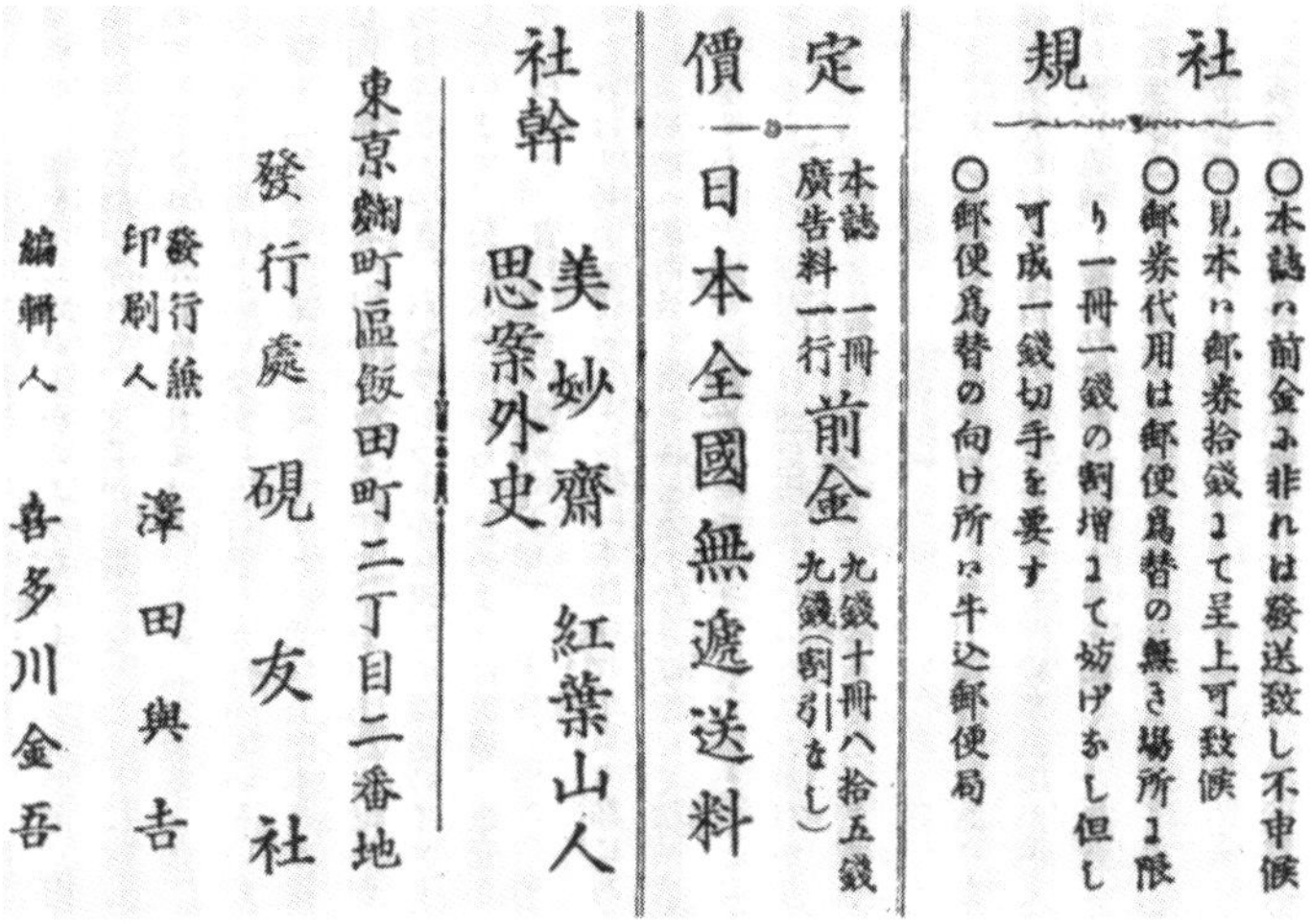
社規

○本誌ハ前金ニ非れは發送致し不申候
○見本ハ郵券拾錢ニて呈上可致候
○郵券代用は郵便爲替の無き場所ニ限り一冊一錢の割増ニて妨げなし但し可成一錢切手を要す
○郵便爲替の向け所ハ牛込郵便局

定價

本誌一冊 前金 九錢十冊八拾五錢
廣告料一行 九錢(割引なし)
一日本全國無遞送料

社幹 美妙齋 紅葉山人 思案外史

東京麹町區飯田町二丁目二番地
發行處 硯友社

發行兼印刷人 澤田與吉
編輯人 喜多川金吾

【資料2】

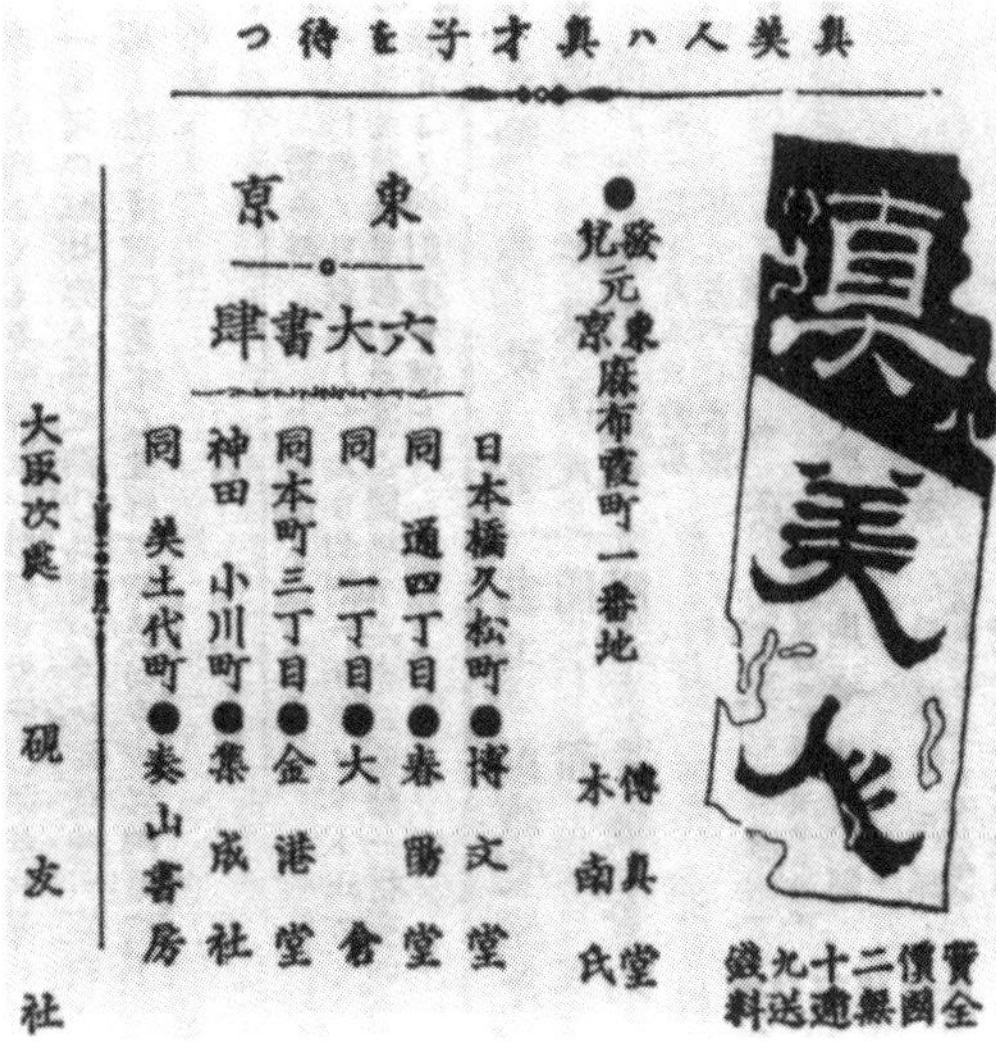
眞美人ハ眞才子を待つ

社員麻溪居士書

眞美人

實價二十九錢
全國無遞送料

●發兌元 東京麻布霞町一番地 傳眞堂 木南氏

東京 六大書肆

日本橋久松町●博文堂
同 通四丁目●春陽堂
同 一丁目●大倉
同本町三丁目●金港堂
神田 小川町●集成社
同 美土代町●奏山書房

大阪次處 硯友社

【資料3】

う直接取引きに近かったと考えられます。

ところが表紙のついた一〇号からは、【資料2】にありますように、通信販売だけの案内になっていまして、絵草紙屋が消えています。明らかに流通、販売が変ったのです。続いて一一号になりますと、『我楽多文庫』の編集人である喜多川金吾（麻渓）の『真美人』の広告が出ています。【資料3】です。

『真美人』の発売元は伝真堂と木南氏であり、大取次処として硯友社、そして販売先の六大書肆、博文堂、春陽堂、大倉、金港堂、集成社、奏山書房の名前が掲載されています。この東京六大書肆は出版、取次を兼ねた書店であり、硯友社もまた『真美人』の販売において取次となって、これらの書肆へ卸していたのではないかと考えられます。このあたりから、『我楽多文庫』の流通、販売は絵草紙屋から近代取次、書店へと移行したのではないでしょうか。

六大書肆のうちの春陽堂、大倉は近代文学史では有名ですし、博文堂は末広鉄腸の『雪中梅』というベストセラーをだしていた出版社であり、『雪中梅』の巻末を見ますと、「各府県下売捌書林一覧」が掲載されていて、すでに百店に近い全国販売書店網を構築していました。それから金港堂は教科書の流通システムによるやはり全国販売書店を組織していたと思われますので、これらのルートを経て『我楽多文庫』もまた限定された東京の絵草紙屋から全国へと流通、販売されるようになったと推測できます。しかしまだこの時期には、出版社・取次・書店という近代出版流通システムが厳密に整備されていたのではなく、兼業していて、出版物の性格によって柔軟に取引されていたのではないかと考えられます。

さらに一四号になりますと、【資料４】ですが、裏表紙に東京三大取次処として、吉岡書籍店、新聞雑誌発売会社、良明堂が出ています。

一一号の六大書肆に加えて、新聞雑誌発売会社や先述しました良明堂といった取次も参加し、『我楽多文庫』の流通、販売が多様化していったことがわかります。

そして一六号になりますと、「我楽多文庫の大改良」という記事があります。【資料５】です。一七号より『文庫』と改題の案内があり、発行所が硯友社で、大売捌所が吉岡書籍店になっています。つまりそれまで、『我楽多文庫』は硯友社が執筆、編集、製作、出版、販売をしていたが、執筆、編集だけを残して、製作、出版、流通、販売は吉岡書籍店へ移ったことになります。これは『我楽多文庫』の出版権を吉岡書籍店へ引き渡し、製作も一切委託したことになります。現在の言葉でいえば、硯友社は編集プロダクション化したのです。解題の事情にはこうした経緯が潜んでいます。

【資料４】

こうした事情の背後に何があったのか、硯友社の同人である丸岡九華は「硯友社の文学運動」（十川信介編『明治文学回想集』下所収、岩波文庫）で次のように証言しています。

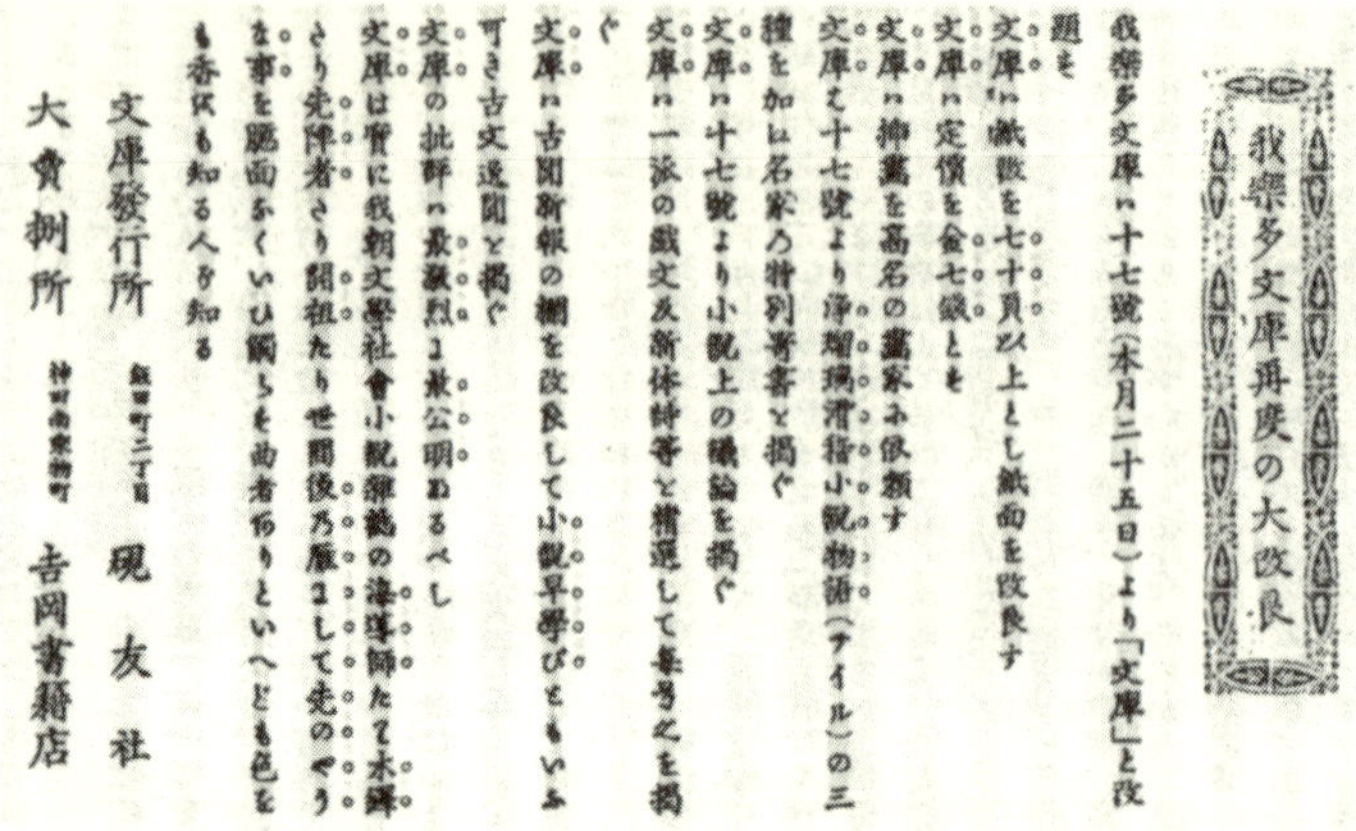

【資料５】

紅葉思案を初め自分らは一切取次の老爺を信じて印刷物の発送より集金の事までをも託したるに、この爺利益を何時か我物にして、印刷所同益社への支払金は毎月滞りとなり積り積つて、二百余円となり、これではたまらぬという時は老爺はいつか姿を隠したるなり。（中略）この分にては、持続せば徒に道楽を借金する始末になれば、いよいよ相談まとまりつ吉岡氏へは壱部々々を原稿料にて売り、二百余円の借金は月払として支弁する事として結了せり。これがため紅葉は二、三年間同益社のために苦しまされたり。

この丸岡九華の証言から、『我楽多文庫』の公売本化にあたって、流通、販売は素人であったため、「取次の老爺」に一切をまかせ、絵草紙屋から近代取次、書店にまで販売を広げたが、その売上をすべて横領され、印刷所への借金のこともあり、悪い言葉でいえば吉岡書籍店に身売りした、あるいはスポンサーになってもらったことがわかります。出版の悲劇は昔も今も変らず、身につまされる話ですが。しかし尾崎紅葉にとってこうした経験は文学に反映され、『金色夜叉』にも流れこんでいるかもしれませんし、借金がその後の文学活動と無縁であったとは思われないのです。

この吉岡書籍店は、坪内逍遥や市島春城と東大で同期の吉岡哲太郎によって、明治一八年に創業されています。近代文学史では、尾崎紅葉の処女作である『色懺悔』を含む『新著百種』を刊行したことで名前が残っていますが、吉岡哲太郎にしても、吉岡書籍店に関しても、やはりその全貌はよくわかっておりません。ただ確実にいえるのは、吉岡書籍店もまた教科書、学習参考書をベースとして始まっています。

『我楽多文庫』の一四号に吉岡書籍店の出版広告が出ていまして、これをみると英語、数学、化学の中学、高校、大学の教科書を出版していることがわかります。それからこれもサイドリーダーだと思いますが、『独逸建国志』という翻訳書もあがっています。これは前述しました三木佐助との合同出版であったようで、一五号に連名で一面広告が出ています。したがって、吉岡書籍店もまた他の出版社と同様に教科書、学習参考書の出版で資本蓄積をし、文芸雑誌、文芸書の出版に向かったと考えられます。硯友社から山田美妙を引き抜いて『都の花』を創刊した金港堂も教科書出版社です。こうした経緯も『我楽多文庫』の流通、販売の多様化による接触がきっかけであったのではないでしょうか。

このような『我楽多文庫』の明治一八年から二二年にかけての流通、販売の推移を今一度整理してみますと、一号から八号までが筆写本で純粋な同人誌、九号から一六号が活字本となり、印刷所を使い、同人誌からリトルマガジン化、ここまでは非売本ですから、硯友社による執筆、編集、製作だけで、流通、販売はされていません。そのためか、活字公売本にある他の雑誌の紹介、寄贈、宣伝、出版社広告等は掲載に至っておりません。しかし活字公売本になりますと、号を追うごとにそうしたものが増えていきます。

それは流通、販売を「取次の老爺」に委託して、絵草紙屋から近代取次、書店へと販路が広がり、『我楽多文庫』が出版業界から注目されるようになったことを示しています。しかし「取次の老爺」に売上を横領され、印刷所への借金返済のため、硯友社は執筆、編集だけに専念し、製作、出版、流通、販売を吉岡書籍店へアウトソーシングしていく。創刊から五年というわずかの期間に、このように雑誌のかたちが次々と進化していったことになり、同人誌から商業雑誌へと転換することで、硯友社の同人も『新著百種』の著者として、単行本を出版するようになったわけです。

こうした『我楽多文庫』の変遷のかたわらで、学制公布によって膨大に出現し始めた小学生を初めとする読者層を対象にした教科書、学習参考書の出版で資本蓄積を果たした近代出版社が形成され、同時にやはり教科書をベースにして地方の書店も増加していく。そして新聞の取次を主としていた取次が、雑誌の取次として加わるようになる。このようにして、出版社・取次・書店という近代出版流通システムが作動し始めるのです。

この出版業界の動きと『我楽多文庫』の変遷はパラレルであり、このことを抜きにして硯友社は語ることができないと思います。そして取次の誕生は雑誌の読者層を対象とし、出版社もまた文芸雑誌に読者ではなく、読者層を期待していた。そのことによって、この時代に様々な文芸雑誌が創刊されたのではないでしょうか。しかしその収支については、記録が残されていないのでわかりませんが、当時は返品がなく買切であったことを考慮しても、単独で採算すれば赤字であったと考える方が妥当でしょう。

そしてこの文芸雑誌の読者層を対象にして、近代文学の出版が始まりますが、それは初版数百部であったと推定され、読者層とはならず、あくまで読者であったのです。正宗白鳥の回想によれば、『当世書生気質』も『浮雲』も、明治三〇年の『太陽』の臨時増刊号に再録されるまでは、ずっと絶版であったということであり、明治二〇年代を通じて、近代文学の名作ですらも継続して読者が存在していなかったことを教えてくれます。

6　博文館と『日清戦争実記』

ですから、出版社・取次・書店という近代出版流通システムが誕生し、雑誌の時代を迎えましたが、文芸雑誌によって収益をあげることは出版社にとって困難であり、文芸雑誌よりはるかに読者層のみこめる一般誌に立脚して、雑誌と取次の時代が構築されていったと考えられます。

その端的な例として、博文館をあげることができます。博文館の歴史は雑誌から始まり、常に雑誌を中心にして展開され、八〇種以上の雑誌を刊行しています。その第一号は明治二〇年の『日本大家論集』であり、二八年には日本最初の総合雑誌『太陽』を創刊し、昭和三年の終刊までに臨時特大号を含めて、六百冊以上を刊行しました。『太陽』は出版社における総合雑誌、国民雑誌神話を樹立し、それが『中央公論』『改造』『キング』『文藝春秋』と継承され、現在に至るまで出版社を呪縛しています。はるか昔にその役割を終えてしまっているにもかかわらず、『中央公論』や『世界』が現在までも刊行され続けているのはこの神話から脱却できないからです。

しかし、博文館にとって雑誌がこれほどまでに売れるのかという体験をしたのは、『太陽』創刊の前年に刊行した『日清戦争実記』においてだったと思います。『日清戦争実記』は一三編刊行され、その売行は五〇万部とも百万部ともいわれ、博文館の土台を築いたとされていますが、実物をみますと、第一編から第七編まで百二十八万部と第八編の表紙にうたわれており、第八編から第一〇編は各二十四万部印刷となっていますから、総計で二百万部近くが刊行され、それに近い売行を示したのではないでしょうか。当時の日本の人口は五千万人にみたなかったと思いますので、ものすごいベストセラーであり、戦争と雑誌の相乗効果によって、ナショナリズムのコアがかたち作られたと思います。

『日清戦争實記』第1編第10版

『日清戦争實記』第7編

しかも当時は前述しましたように、委託ではなく買切でしたので、博文館は大変な利益をあげた。それと同時に博文館の出版物が全国的に宣伝された。たとえば、第一編は本文が百四頁ですが、それに加えて七〇頁が博文館の発行図書目録となっています。したがって、『日清戦争実記』に引きずられるようにして、その他の雑誌や書籍も相当数売れたのではないかと思います。そしてこの『日清戦争実記』の成功によって、翌年ナショナリズムにベースをおく『太陽』が創刊されたのではないでしょうか。

それではこれだけの大部数を可能にした『日清戦争実記』の流通と販売はどうなっていたかということになります。博文館は明治二三年に書店、東京堂を設立し、翌年から雑誌の取次も始めます。博文館はすでに自前の流通、販売網をもっていましたので、東京堂は博文館の取次をしていませんでしたが、博文館の出版社としての急成長により、出版専業となり、流通、販売は東京堂に委託し、分業化が進みました。そして『日清戦争実記』の時代には、博文館の特約大売捌所（大取次）となっていました。【資料6】は『日清戦争実記』第二編所収の「博文館発兌図書大売捌所」の一覧です。特約大売捌所として東京堂と大阪の盛文館が二社あがっています。盛文館の創業も明治二四年です。紙数の関係で割愛しましたが、この後三頁にわたって全国書店七百五十店が掲載されています。つまり、頂点に出版社博文館があり、大取次として東京堂、盛文館、中取次として全国に取次兼業の書店が百社以上、そしてさらに書店として七百五十店が流通販売網として組織されていたことがわかります。この流通システムの配置によって、『日清戦争実記』は二百万部という膨大な部数を売ることができたのです。金港堂の『雪中梅』は百店しかなかったわけですから、わずか五年程で、取次・書店という流通、販売システムが急成長したことを物語っています。それは雑誌が当時のニュースメディアであり、雑誌出版がニュービジネスであったからだと思います。

このような明治最大の出版社博文館の出版活動をみますと、雑誌にベースをおき、大量生産、大量消費によって廉価で本を作るというのがその性格であり、書籍としても単行本企画ではなく、シリーズ物、叢書が過半数をしめています。つまり読者ではなく、常に読者層を追求し、雑誌のように作る。これは出版ではなく、出版業といっていいと思います。そしてそれらの出版物を流通、販売することを目的として、近代取次、書店は誕生し、成長した。

博文館發兌圖書大賣捌所

東京 東海堂
同 水野慶次郎
同 巖々堂
同 信文堂
同 石川商店
同 青木嵩山堂
同 上田屋本店
同 目黒支店
同 小林喜右衛門
大阪 吉岡平助
同 柳原喜兵衛
同 梅原亀七
同 岡島新聞舗
同 中村峰雄
同 平井新湖舗
京都 東枝律書房
同 田中治兵衛
名古屋 川瀬代助
同 永東書店
同 新文舎
神戸 熊谷久栄堂
同 舟井新聞商店
同 吉岡支店
同 船山堂
同 平井新聞出張所
熊本 長崎次郎

鹿児島 吉田幸兵衛
長野 西澤喜太郎
松本 水翠堂
奈良 遠文堂
四日市 伊藤善太郎
津 河島九右衛門
岡崎 愛友合
静岡 文源堂
濱松 谷島屋源三郎
同 林新聞舗
掛川 錢文堂
見付 亀甲堂
沼津 関契社
甲府 柳正堂
横濱 丸屋書店
同 里見亭太郎
同 弘集堂
鴻巣 長島爲一郎
東金 多田屋本店
千葉 同支店
佐倉 吉田徳兵衛
佐原 朝野利兵衛
水戸 川又銀藏
大津 太田文店
同 澤一二郎
前橋 煥乎堂

栃木 宮川庸三郎
白河 奥村書店
福島 上野屋彦太郎
仙臺 木村文助
同 佐勘書店
石ノ巻 山口鶴之助
古川 井上金三郎
盛岡 佐藤庄兵衛
同 便益堂
弘前 野崎九兵衛
青森 鎌田商店
山形 八文字屋書店
米澤 宗月晨平
秋田 成見清兵衛
同 鈴木秋穆堂
横手 大澤書店
酒田 鈴木喜八
福井 品川太右衛門
金澤 雲根堂
同 宇都宮書店
小松 宇都宮源平
富山 清明堂
高岡 學海堂
新潟 櫻井造作
長岡 覺張治平
同 目黒十郎

高田 高橋書店
米原 西村六平
松江 川岡清助
姫路 朝榮社
岡山 武内昭三郎
廣島 松村善助
同 積善館支店
山口 超世館
同 一二三堂
和歌山 平井文助
徳島 阪井萬吉
高知 澤本駒吉
西條 金川支店
博多 森岡商店
同 積善館支店
大分 山川正三郎
長崎 虎與號商店
同 鶴野書店
佐賀 河内汲古堂
函館 魁文舎
小樽 白島書店
同 川南重祐
札幌 前野長發
同 小自治堂
同 粱盛文堂
同 進振堂

本館發兌ノ圖書ハ左記ノ大賣捌店ニ於テ何種ニ不係總テ取揃置キ賣捌申候間本館同様御引立御注文希上候也

明治廿七年九月

博文館

特約大賣捌所 東京神田區表神保町 東京堂

特約大賣捌所 大阪東區備後町五丁目 盛文館

【資料6】

ですから、出版社・取次・書店という近代出版流通システムの誕生と成長は、出版業と読者層の出会いによって支えられていたことになります。しかし明治二〇年代からの出版業界の成長、近代文学の成立の過程で、この近代出版流通システムのなかから、様々な神話と幻想が形成されていきます。出版、書物神話、文学幻想、読者信仰、作者・作品崇拝、編集者幻想等々です。そしてこれらの神話と幻想は、読者層にベースをおく出版社・取次・書店という近代出版流通システムが作者（作品）と読者との出会いの回路であると過大評価するに至ります。そうした思考は明治後半になって形成されたのではないかと考えられ、その顕著な例を明治三九年の島崎藤村の『破戒』にみることができます。

周知のようにこの物語は、主人公が信州の雑誌店（書店でないことに留意下さい）で、『懺悔録』という一冊の本を購う場面から始まります。そしてその作者も登場します。つまりこの『破戒』は近代流通システムが整備された後の、このシステムを媒介とした作者（作品）と読者の出会いの物語だといっていいと思います。事実、島崎藤村はこの神話を固く信じて、自費出版で、前述した上田屋という取次ルートで『破戒』を刊行することになります。このことに関してこれ以上言及できませんが、近代文学の名著を刊行しながらも消滅してしまった小出版社もまた、こうした島崎藤村的発想で出版社を始めたのではないでしょうか。私もまたその末裔であるにちがいありませんが。

しかしこうした出版はオリジナルを志向し、あくまで少数の読者が対象でしかありません。そうした出版が出版業へと進化するのはとても困難であり、単行本企画でよい本を出版しようとする小出版社は、結局のところ、最初からこの近代出版流通システムの性格と相反するものなのです。

7 買切制から委託制へ――博文館対東京堂＋新興大手出版社

『日清戦争実記』に象徴されるように、出版社博文館と取次東京堂によって、近代出版流通システムは作動していくのですが、この両者の関係性が、その後の出版業界に大きな影を落とし、それは博文館の没落につながっているのではないかと推測できるのです。

これは博文館と東京堂の社史にもはっきりと書かれていないのですが、博文館と東京堂は非常に仲が悪かった。東京堂は博文館創業者である大橋佐平の妻の弟、高橋新一郎によって最初は書店として始まりました。つまり博文館に入社させず、書店として独立開業させたことになります。こうした経緯から、博文館は東京堂を下にみて、東京堂が取次を始めても博文館は取引をせず、結局他社の取次からスタートしました。しかし成長するにしたがって、博文館を見返してやりたいという気持ちがあり、その東京堂に新興出版社が加わり、水面下で博文館対東京堂＋新興出版社のヘゲモニー争いが行なわれていたと考えられます。

明治四二年にそれらの新興出版社のひとつである実業之日本社が『婦人世界』に委託返品制を

導入します。そして発行部数で最高三一万部を記録したと『実業之日本社七十年史』にあります。実売部数は明らかではありませんが、『日清戦争実記』ですら二百万部ですから、それを上回る部数になります。この返品制導入についてのはっきりとしたいきさつ、記録はまったく残っておらず、『実業之日本社七十年史』も言及しておりません。しかしこれは想像するに、博文館の買切制に対して、東京堂と実業之日本社が企てた挑戦であったと思われるのです。

その後の明治四四年に、東京堂に前述しました大野孫平という戦前の取次の第一人者が入社します。そして講談社や中央公論社を巻きこみ、委託返品制を採用することになり、新興他社もそれに追随し、明治末期から雑誌が委託販売となるのです。大野孫平の考えとは次のようなものではなかったでしょうか。

親会社博文館を乗りこえるためには、東京堂と取引のある書店網を増やすこと、それには買切制ではなく、委託返品制を採用し、素人でもリスクなく雑誌店を開業できるようにする。そのことによって東京堂の売上を上昇させ、博文館を追い抜く、こうした見取図であったと思います。

そのためには出版社に対して買切制と同様の支払い条件を提案する、これが現在まで続いている、他業界からみれば奇妙な決済であり、出版社によって異なる取引条件の始まりでした。それまでは書店から注文がなければ送品しなかったのが、委託になりますと出版社と取次の都合で勝手に送りつけることを可能にし、出版業界の金融のどんぶり勘定と出版社の自転車操業的出版、それから委託返品制特有の過剰生産を宿命づけられるようになったのです。これらもまた現在まで続いていて、このシステムの破綻が出版業界の危機に結びついているわけです。

この一種の悪魔的取引がスタートし、大野の目論見通り、明治末には全国で三千店であった書店が大正末には一万店近くに膨張していきます。その一方で買切制にこだわった博文館は没落していき、委託返品制によった東京堂と新興大手出版社の勝利となります。昭和初期には博文館に代わって、講談社、新潮社、改造社、平凡社、中央公論社が大手五社となります。いずれもが中・大型企画に際しては大野孫平が資金のスポンサーでした。定価販売も大野孫平を中心とした取次の主導によって促進されたものであり、これは取次のカルテルだと考えていいと思います。

ですから現在の出版業界の取引システムは、オープンな論議やジャッジがあって成立したのではなく、東京堂と新興大手出版社との密室談合によって始まっているのであり、それが現在まで続き、改革を不可能にしているように思われます。それは戦後の再販制導入も同様です。

しかし、この返品制の導入とそれによる全国書店網の拡大はマス雑誌の成功を生みだしました。その典型は大正一四年の講談社の『キング』創刊号であり、七四万部を売り、翌年の新年号は百万部を発行しました。明治の時代と異なる大衆という読者層が膨大に発見されたことになります。そしてそれらの読者層は新聞を主体とするメディアにこれまた膨大にうたれた広告によって獲得されたのです。このような委託制を背景にして、いわゆる円本時代が出現します。

これはあらためて申すまでもありませんが、大正一五年の改造社の『現代日本文学全集』に始まり、昭和四年まで続き、円本に類するものだけで三百数十種が発行されました。これもまた博文館路線の廉価によるシリーズ物の大量生産、大量消費出版でありました。この円本の文学全集の成功によって、初めて文学は出版業に組みこまれることになり、文学の制度が確立されたといえます。それまで文学は出版であり、出版業には属していなかった。しかも円本の文学全集に収録された作品は、大半が出版によって刊行されたものでした。したがって円本の文学全集による出版業の成立も、明治、大正の出版に身をささげた無数の人々の営為の賜物だといっていいでしょう。

円本時代から雑誌と同様に本もまた明らかに過剰生産の時代に入りました。この円本時代に本も返品制が導入されるようになりました。これだけの過剰生産であるから、書店も仕入れ判断ができず、どうしても売れ残りが出る。それで返品をとってくれということで、本の返品制も始まったのではないかと推測されますが、このことに関しての詳しい資料や証言はみつけることができません。

この円本時代から始まる本の過剰生産と返品制は、古書業界を成長させる要因ともなりました。神田の古書街は世界のどこの国にも匹敵するものがないといわれますが、それは日本の出版業界の過剰生産と返品制が生み出したものなのです。大正八年に東京古書組合が結成されますが、昭和前期には著しい成長をとげ、円本時代の出版社の倒産による膨大な本や円本の返品の処理等はすべて古書業界がアフターケアしたのです。過剰生産、委託返品制によって拡張した出版社・取次・書店という近代出版流通システムはバックヤードとしての古書業界を必然的に誕生させたといえます。

さらに円本時代は、昭和二年の岩波文庫、続いて改造文庫、春陽文庫、新潮文庫という文庫時代を生み出します。この文庫もやはり廉価によるシリーズ物の大量生産、大量消費ということになり、文庫もまた読者層に向けて企画されたのです。そして戦後の出版業界も同じことを反復し続けてきました。しかしそれを支えたのは、二〇世紀の読者層につながる絶えざる人口の増加でした。明治の始まりの三千五百万人から、昭和戦前の八千万人、そして現在の一億二千五百万人と増加してきましたが、二一世紀は逆に人口減少の世紀でもあり、読者層も収縮していくのです。

したがって日本の出版業界の歴史とは質ではなく量を追求し、ひたすら読者層を発見することをめざしてやってきたのであり、質をめざし、オリジナルな出版物を少部数で作り、読者に届けるという出版は出版業ではなく、敗北の歴史であり、私ども人文系の出版社の悲劇はそうした事情を理解することなく、出版を始めてしまったことに求められるかもしれません。

しかし現在の出版業界の危機の根底にあるのは読者ばかりでなく、読者層の解体であり、代わりに出現してきたのは消費者層であるといっていいでしょう。そのことによって出版業自体も新聞やテレビと変わらない出版物に覆われています。それがますます危機を加速させているのです。

限られた時間でしたので、色々と駆け足で進めてしまい、文学の経済学や円本の功罪とその影響、もうひとつの本のインフラである近代図書館の始まり等に言及できなくて残念に思います。

いずれにしましても、出版物を含みまして、日本の出版史は様々な謎に包まれています。そしてこのように近代出版流通システムの視点から考察すれば、作者も作品も決して上部構造ではなく、下部構造に位置し、上部構造は出版流通システムであることがわかると思います。文学も文学者もこれらの出版流通システムの過程のなかで作られたのであり、それらから自立してあったことはなかったのです。

近代文学の研究はどうなるのでしょうか。第一資料や研究書、文芸評論の出版はとても困難な状況になっています。一部の評論家や研究者を除いて、もはや印税を期待して出版することは不可能だと思います。むしろ出版社と金銭的に共同して出版するしかない状況にあり、それでいて千部売ることは難しい、そんな事態だと認識された方がいいと思います。しかし明治時代の出版状況を考えればそれが正常だといえるかもしれません。研究書も文芸評論も出版業ではなく、あくまで出版の領域にあるのですから。

それから、最後にひとつ僭越なことを申しますと、これからの近代文学研究は『日本近代文学大事典』のかたわらに、ぜひ『日本出版百年史年表』を携えていただきたいと思います。名著を出版しながら消滅してしまった無数の小出版社を想像して、作家論や作品論へ反映させ、流通システムや経済学の視点から近代文学を読み直すこと、それはきっと近代文学研究の新しい泉であるように思われます。なぜならば、消滅してしまった近代文学の名著を刊行した出版社やそれに携わった出版者、編集者の営みもまた文学的営為であり、そこにはまだあかされていないもうひとつの日本の近代文学史が潜んでいると確信するからです。

（本稿は、二〇〇一年六月二三日の近代文学会講演原稿に加筆修正したものであり、資料をいくつか割愛しました。）

あとがき

本書は先に上梓した『古本探究』の姉妹編として刊行される。当初『古雑誌を読む』というタイトルで予告しておいたものですが、出版の労をとられた論創社の森下紀夫氏から、内容を考えても同様に「探究」の色彩が強いので、『古雑誌探究』としたほうがよいのではないかとの意見が出され、改題したことを断っておきます。

内容について、1と2は『日本古書通信』連載の「古本屋散策」のうちの二編を大幅に加筆改稿、20は日本近代文学会発行の『日本近代文学』（第65号、二〇〇一年十月）に掲載したもので、それ以上は書き下ろしである。

これらの『探究』は続刊される『古本探究Ⅱ、Ⅲ……』へとさらに引き継がれていく。どうか読者にも読み継がれていきますように。

二〇〇九年三月　　著　者

小田光雄（おだ・みつお）
1951年静岡県生まれ。早稲田大学卒業。出版社の経営に携わる。著書『〈郊外〉の誕生と死』（青弓社）、『図書館逍遥』『文庫、新書の海を泳ぐ』（編書房）、『書店の近代』『ヨーロッパ 本と書店の物語』（平凡社新書）、『民家を改修する』『出版業界の危機と社会構造』『出版社と書店はいかにして消えていくか』『ブックオフと出版業界』『古本探究』（論創社）、訳書『エマ・ゴールドマン自伝』（ぱる出版）、エミール・ゾラ『ごった煮』『夢想』『壊滅』『ナナ』『パスカル博士』『ナナ』『大地』『生きる歓び』『プラッサンの征服』『ジェルミナール』『ウージェーヌ・ルーゴン閣下』（論創社）など。論創社ホームページに「出版状況クロニクル」を連載中。

古雑誌探究

2009年4月20日　初版第1刷印刷
2009年4月30日　初版第1刷発行

著　者　小田光雄
発行者　森下紀夫
発行所　論 創 社
東京都千代田区神田神保町2-23　北井ビル
tel. 03（3264）5254　fax. 03（3264）5232　web. http://www.ronso.co.jp/
振替口座　00160-1-155266

印刷・製本　中央精版印刷

ISBN978-4-8460-0894-9　